Con R.O.

Prefiero Español

GRETEL ERES FERNÁNDEZ (org.)

2

SANTILLANA
ESPAÑOL

SANTILLANA
ESPAÑOL

Dirección: *Paul Berry*
Gerencia editorial: *Sandra Possas*
Coordinación de edición de texto: *Gisele Aga*
Coordinación de arte: *Christiane Borin*
Coordinación de iconografía: *Ana Lucia Soares*
Coordinación de *bureau*: *Américo Jesus*
Coordinación de revisión: *Adriana C. Bairrada*
Gerencia de producción gráfica: *André Monteiro*
Coordinación de producción gráfica: *Maria de Lourdes Rodrigues*
Gerencia de producción industrial: *Wilson Troque*

Proyecto editorial: *Roberta Amendola*

Edición: *Roberta Amendola, Adriana Pedro de Almeida*
Asistencia editorial: *Cíntia Afarelli Pereira, Myrta Garcia Pradel Biondo, Vítor Gonçalves Tikami*
Corrección: *Camilla Bazzoni*
Revisión lingüística: *Isabel Cristina Herrera Martins, Eugenia Flavian, David Díaz Ortiz*
Revisión: *Augusto de Salvo Russo, Rafael Gustavo Spigel, Sandra Garcia Cortés, Verónica Rolandi, Vinicius Oliveira de Macedo*
Edición de arte: *Gilciane Munhoz*
Diseño gráfico: *Andreza Moreira*
Ilustración: *Airon*
Cubierta: *Pedro Gentile*
Diseños especiales: *Gilciane Munhoz, Pedro Gentile, Gláucia Koller, Rafael Gentile, Raquel Buim, Amanda Savoini*
Captura de fotos: *Mariana Veloso Lima, Lourdes Guimarães, Márcia Sato*
Tratamiento de imágenes: *Arleth Rodrigues, Fabio N. Precendo, Rubens M. Rodrigues*
Cartografía: *Alessandro Passos da Costa*
Maquetación: *Gilciane Munhoz, Pedro Gentile*
Preimpresión: *Hélio P. de Sousa Filho, Marcio Hideyuki Kamoto, Alexandre Petreca, Everton L. de Oliveira*
Impresión:

Elaboración de originales
Adriana Pedro de Almeida
Carlos Ferrer Plaza
Cíntia Afarelli Pereira
Dária de Souza Ferraria
Eliana Campanholi
Fernanda Araújo de Carvalho
Fernanda Peçanha Carvalho
Myrta Garcia Pradel Biondo
Óscar Domínguez Núñez
Roberta Amendola
Sandra Ferreira de Oliveira
Sandra Tânia Hurtado Lazarte
Talita Vieira Moço

Dados Internacionais de Catalogação na Publicação (CIP)
(Câmara Brasileira do Livro, SP, Brasil)

Prefiero español / Gretel Eres Fernández, (org.). – 2. ed. – São Paulo : Moderna, 2011.

Obra em 3 vol.
Bibliografia

1. Espanhol (Ensino médio) I. Fernández, Gretel Eres.

11-13821 CDD-460.7

Índices para catálogo sistemático:
1. Espanhol : Ensino médio 460.7

ISBN 978-85-16-07477-7 (LA)
ISBN 978-85-16-07478-4 (LP)

SANTILLANA
EDITORA MODERNA LTDA.
Rua Padre Adelino, 758 — Belenzinho
São Paulo — SP — Brasil — CEP 03303-904
Central de atendimento ao usuário: 0800 771 8181
Fax +55 11 2790-1501
www.santillana.com.br
2012

Impresso na China

TABLA DE CONTENIDOS

TABLA DE CONTENIDOS

1 Turismo y gastronomía

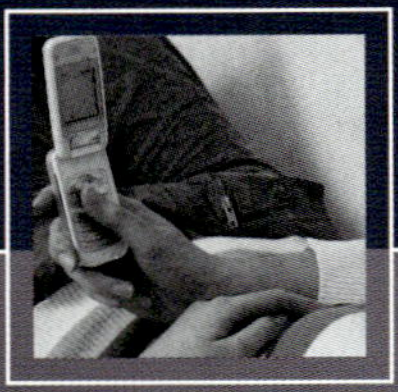

VAS A APRENDER A:

- recordar un viaje;
- expresarte usando el pasado;
- preguntar y decir la hora;
- decir los nombres de algunos alimentos y comidas.

PRECALENTAMIENTO

¿Con qué frecuencia viajas?

¿A qué lugares sueles ir?

¿Quién(es), en general, te acompaña(n)?

¿Por qué motivos suele viajar la gente?

Turismo. m. Acción de viajar por placer. ▸ Industria que tiene por objetivo satisfacer las necesidades del turista. ▸ Automóvil particular.

Diccionario Enciclopédico Ilustrado. Madrid: Grupo Libro, 1999.

INTRODUCCIÓN

En parejas, contesten oralmente las siguientes preguntas.

a ¿Piensan ustedes que los primeros viajes eran tan cómodos como suelen ser los de ahora?

b ¿Cómo creen que la gente se desplazaba de un lugar a otro?

c De los viajes o paseos que hicieron, ¿qué lugar les impresionó más? ¿Cómo era ese lugar?

PRESENTACIÓN

1 En la novela *Paula*, escrita por Isabel Allende durante el período de enfermedad de su hija, conocemos momentos de la vida de la escritora chilena y de su familia. Lee este fragmento en el que la autora describe sus vacaciones durante la infancia. Luego, contesta las preguntas que vienen a continuación.

La playa de mi infancia

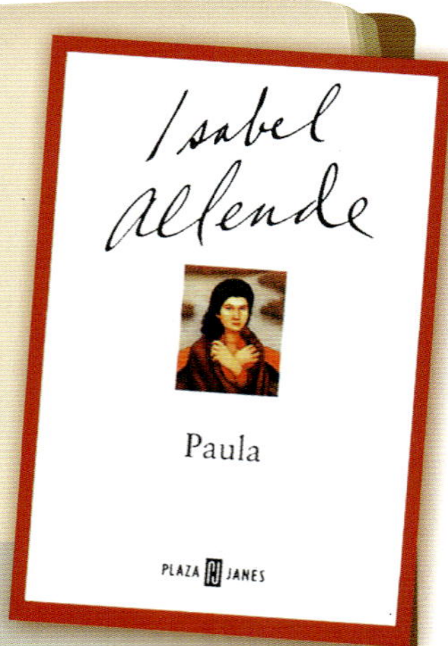

Los veranos de mi infancia transcurrieron en la playa, donde la familia tenía una gran casona frente al mar. Partíamos en diciembre, antes de Navidad, y regresábamos a finales de febrero, negros de sol y llenos de fruta y pescado. El viaje, que hoy se hace en una hora por autopista, entonces era una odisea que tomaba un día completo. Los preparativos empezaban con una semana de anterioridad, se llenaban cajas de comida, sábanas y toallas, bolsas de ropa, la jaula con el loro [...] y por supuesto, [nuestra perra] Pelvina López-Pun. [...] Mi abuelo tenía un coche inglés negro y pesado como un tanque. [...] El Tata, que debía parar a menudo para que nos bajáramos medio desmayados a respirar aire puro y estirar las piernas, conducía aquel carromato maldiciendo la ocurrencia de llevarnos a veranear. También paraba en los campos de los agricultores a lo largo del camino para comprar queso de cabra, melones y frascos de miel. [...]

Ese balneario en verano era un mundo de mujeres y niños. La Playa Grande era un paraíso hasta que se instaló la refinería de petróleo y arruinó para siempre la transparencia del mar [...]. Los viernes al anochecer llegaban los maridos de la capital y el sábado y domingo la playa cambiaba de aspecto [...].

odisea ▪ viaje largo, en el que, por lo general, ocurren muchos acontecimientos, que pueden ser adversos o favorables al viajero.

carromato ▪ carro demasiado grande e incómodo.

ALLENDE, Isabel. *Paula*. Santiago: Plaza y Janés, 1994. p. 50-51.

a ¿Qué comentario hace el personaje sobre el trayecto desde su casa hasta la playa?

____

____

b La narradora nos cuenta algo negativo acerca de la playa a la que iba. ¿Qué es?

____

2 Ahora tú: ¿conoces algún lugar que haya sido perjudicado por la llegada de alguna industria o por algún tipo de actividad económica? Descríbelo a un compañero.

El Pretérito Imperfecto de Indicativo

3 Observa la siguiente frase del texto de la actividad 1. Luego señala la opción que se refiere al uso de los verbos que están en relieve.

"**Partíamos** en diciembre, antes de Navidad, y **regresábamos** a finales de febrero, negros de sol y llenos de fruta y pescado".

a ( ) Los verbos destacados indican una acción concluida que es anterior a otra también terminada.

b ( ) Los verbos destacados expresan acciones habituales en el pasado.

El **Pretérito Imperfecto de Indicativo** se usa para expresar acciones repetidas o habituales en el pasado. Se usa también para describir hechos ocurridos en el pasado sin especificar su inicio o final.

Ejemplos: Cuando **era** niño, siempre **íbamos** a la playa en las vacaciones de verano.
El padre de Juanjo **viajaba** con frecuencia a Venezuela.

En Pretérito Imperfecto de Indicativo, la terminación de los **verbos regulares** de la 1.ª conjugación se forma con "–aba".

Los **verbos regulares** de las 2.ª y 3.ª conjugaciones forman el Pretérito Imperfecto con la terminación "–ía".

ESPAÑOL	PORTUGUÉS
regres**ába**mos	*regress**áva**mos*
par**aba**	*par**ava***
deb**ía**	*dev**ia***
conduc**ía**	*conduz**ia**, dirig**ia***

Verbos regulares

	VIAJAR	CONOCER	SALIR
Yo	viaj**aba**	conoc**ía**	sal**ía**
Tú/Vos	viaj**abas**	conoc**ías**	sal**ías**
Él/Ella/Usted	viaj**aba**	conoc**ía**	sal**ía**
Nosotros(as)	viaj**ábamos**	conoc**íamos**	sal**íamos**
Vosotros(as)	viaj**abais**	conoc**íais**	sal**íais**
Ellos(as)/Ustedes	viaj**aban**	conoc**ían**	sal**ían**

Verbos irregulares

Solo tres verbos tienen formas irregulares en este tiempo:

	SER	VER	IR
Yo	era	veía	iba
Tú/Vos	eras	veías	ibas
Él/Ella/Usted	era	veía	iba
Nosotros(as)	éramos	veíamos	íbamos
Vosotros(as)	erais	veíais	ibais
Ellos(as)/Ustedes	eran	veían	iban

4 Ahora contesta las preguntas que siguen sobre tus viajes o paseos. Utiliza los verbos que están en relieve.

a ¿A qué lugares **ibas** de excursión cuando estabas en primaria? ¿Te **gustaban** esas excursiones? ¿Por qué?

____

b ¿Quién(es) te **acompañaba(n)** en esos paseos? ¿Cuánto tiempo **duraban**?

____

c En el texto, la autora comenta sus "recuerdos gastronómicos" del viaje. Y tú, ¿te acuerdas qué solían comer en estas excursiones? ¿Llevaban bocadillos?

____

5 Algunas personas suelen describir las diferencias entre los viajes que hacían y los que hacen ahora. Completa la primera frase pasando al Pretérito Imperfecto de Indicativo los verbos de la segunda.

a Cuando ______________ por la noche ______________ mucha hambre. Ahora, cuando **viajo** por la noche, no **tengo** ningún problema: me quedo algunas horas sin comer tranquilamente.

b Hace unos años ______________ viajar siempre porque mi papá ______________ dos vacaciones de quince días a lo largo del año. Ahora solo **podemos** viajar en julio porque él trabaja mucho más, solo **toma** unos diez días al año.

6 A continuación Danilo cuenta algunos recuerdos de sus viajes de infancia. Conjuga los verbos del recuadro en Pretérito Imperfecto de Indicativo y completa el texto.

dormir	hacer	desayunar	preparar	jugar	merendar	cuidar
acostarse	cenar	ir	despertarse	vivir	ser	reunir

A mí no me parece difícil recordar los viajes que ______________ con mi familia. En las vacaciones de verano siempre ______________ a la casa de mi abuela Carmen, que ______________ en un pueblo en España. Se ______________ ahí todos los nietos —¡casi 20!—, así que ¡la casa ______________ una fiesta!

______________ tarde, casi no ______________, ______________ en casa hasta la hora de la comida —sobre las dos de la tarde—, ______________ la siesta, ______________, ______________ los animales, ______________ algo ligero y ______________.

Mis mejores recuerdos son el olor a café por la mañana, el sabor de las frutas frescas y las tartas que nos ______________ mi abuela. Buenos tiempos aquellos de paseo por un estilo de vida tranquilo y un nuevo paladar...

7 Danilo recuerda sus viajes de infancia por las cuatro comidas: el desayuno, la comida, la merienda y la cena. ¿Qué comenta sobre cada una?

____

____

8 Hay dos factores culturales españoles mencionados por Danilo relacionados con las comidas. ¿Cuáles son? ¿Ellos forman parte de tu rutina?

La hora

Danilo comenta que en la casa de su abuela comía sobre las dos de la tarde. Y tú, ¿a qué hora comes normalmente? Para decir **las horas**, utilizamos las siguientes expresiones:

Son las...

2:00	2:10	2:15	2:30
dos horas (en punto)	dos y diez	dos y cuarto	dos y media
2:35	2:40	2:45	2:50
tres menos veinticinco	tres menos veinte	tres menos cuarto	tres menos diez

¡APRENDE!

Normalmente la gente no dice "son las quince horas", sino "son las tres (de la tarde)". Al decir la hora se suele usar el artículo femenino: "es **la** una", "son **las** cuatro".

ESPAÑOL	PORTUGUÉS
¿Qué **hora es**?	*Que **horas são**?*
Es la una y media.	*É uma e meia.*
Son las cinco menos cuarto.	*(Faltam) **Quinze para as cinco**.*

9 ¿Cómo son tus horarios? Contesta y escribe las horas en letras.

a ¿A qué hora **te levantas**?

b ¿Sueles **merendar**? ¿A qué hora?

c ¿A qué hora **almuerzas**? ¿Y a qué hora **cenas**?

10 Conversa con un compañero sobre tus hábitos alimentarios actuales respecto a los de tu infancia. ¿Son más sanos? ¿Comes con más frecuencia? ¿Los horarios de las comidas son adecuados?

Los números ordinales

11 A continuación, vas a escuchar un texto en el que se presentan algunos datos sobre la importante actividad del turismo en España. Luego, contesta oralmente las preguntas que siguen.

2

a ¿Qué posición ocupa España en el grupo de los países más visitados?

b Y Francia, ¿en qué lugar está?

Para ordenar datos utilizamos **números ordinales**.

1.º primero(a/s) / 1.er primer	10.º décimo(a/s)	40.º cuadragésimo(a/s)
2.º segundo(a/s)	11.º decimoprimer(o)(a/s) / undécimo(a/s)	50.º quincuagésimo(a/s)
3.º tercero(a/s) / 3.er tercer	12.º decimosegundo(a/s) / duodécimo(a/s)	60.º sexagésimo(a/s)
4.º cuarto(a/s)	13.º decimotercer(o)(a/s)	70.º septuagésimo(a/s)
5.º quinto(a/s)	14.º decimocuarto(a/s)	80.º octogésimo(a/s)
6.º sexto(a/s)	20.º vigésimo(a/s)	90.º nonagésimo(a/s)
7.º séptimo(a/s)	21.º vigésimo(a/s) primer(o)(a/s)	100.º centésimo(a/s)
8.º octavo(a/s)	22.º vigésimo(a/s) segundo(a/s)	1000.º milésimo(a/s)
9.º noveno(a/s)	30.º trigésimo(a/s)	1000000.º millonésimo(a/s)

Observa: En el *ranking* internacional de turismo Francia ocupa el **primer** lugar.
Si pienso en un destino turístico, el **primero** que me viene a la mente es Cádiz.
Este es el **tercer** año que nos hospedamos en el mismo hotel.
¡Hay tantos hoteles en esta calle! El nuestro es el **tercero** después del puente.

Los ordinales **primero** y **tercero** (y todos los que tienen esa terminación) pierden la "o" final antes de un sustantivo masculino singular. Tal fenómeno lleva el nombre de "apócope".

Ejemplos: **primer** piso; **tercer** año; vigésimo **tercer** capítulo.

¡APRENDE!

- El número ordinal "segundo" (2.º) no se debe confundir con la preposición "según", utilizada, por ejemplo, para introducir lo que dicen otras personas.

  Ejemplo: **Según** la azafata, nuestro vuelo será el **segundo** en salir. (= **De acuerdo con** la azafata, nuestro vuelo será el **segundo** en salir.)

- En la lengua hablada no es muy común utilizar ordinales superiores al "décimo". En general, en esos casos, se emplea el numeral cardinal correspondiente.

  Ejemplo: Nuestra habitación está en la planta **13** (trece) del hotel.

12 **Basado en la tabla de los números ordinales, sustituye los guarismos entre paréntesis por el ordinal correspondiente.**

a Nunca olvido mi ______________________ viaje solo con amigos. (1.º)

b Los alumnos del ______________________ año van a visitar el parque temático de la ciudad. (7.º)

c La Secretaría de Turismo está en el ______________________ piso y la de Educación, en el ______________________. (9.º - 1.º)

d Esta es la ______________________ vez que voy a la playa este año. (3.º)

13 **En parejas, discutan cuáles son los destinos turísticos más interesantes en Brasil. Preparen un *ranking* y expliquen los motivos de su elección.**

Los sustantivos numerales colectivos

Las palabras que figuran a continuación representan la cantidad de unidades de un conjunto y reciben el nombre de **sustantivos numerales colectivos**:

par/pareja	trío	decena	docena	quincena	veintena	centena/ciento	millar	bienio	década	siglo	milenio

14 En parejas, descubran cuál es el sustantivo numeral colectivo del cuadro anterior que corresponde a cada definición.

a Período de mil años:		d Conjunto de doce cosas:	
b Conjunto de mil unidades:		e Período de quince días:	
c Período de dos años:		f Conjunto de veinte unidades:	

Los verbos "acordarse" y "recordar"

15 Lee los siguientes textos publicados en el sitio del periódico costarricense *La Nación* en los que algunas lectoras relatan recuerdos de viajes a Puntarenas, ciudad playera muy visitada en ese país.

Yo **me acuerdo de** los viejos paseos en tren a Puntarenas

[...] **Recuerdo** que en los años 60, mis primas y yo anhelábamos que llegara el verano para realizar el maravilloso viaje en tren a Puntarenas. El sonido de su pito y el vaivén de sus carros eran inconfundibles; el solo escucharlo nos llenaba de emoción y también a los transeúntes que lo miraban pasar. Nos gustaba comer en él pues subían señoras muy alegres, con sus delantales blancos, vendiendo comida como pollo, huevos duros, refrescos [...].

Patricia Sagot Leytón, Heredia.

¡Por supuesto que **me acuerdo de** los viajes en tren a Puntarenas!

Mis papás nos llevaban a mi hermana menor y a mí en tren a Puntarenas en las vacaciones de medio año. Era toda una aventura, ya que para nosotras era como si fuéramos a otro país... Desde el momento en que se abordaba el tren, todo un abanico de sorpresas nos esperaba durante el camino... el paisaje, los puentes, los túneles, los vendedores de comida en las paradas... [...]

Zulma Sánchez Fuentes, Curridabat.

Disponible en <www.nacion.com>.

anhelar ▪ desear con intensidad.
transeúnte ▪ persona que pasa por algún lugar.
delantal ▪ prenda de vestir que se usa sobre la ropa, para protegerla o como uniforme.
abanico ▪ *leque.*

16 Teniendo en cuenta los textos de la actividad anterior, contesta: ¿qué recuerda Patricia de sus paseos a Puntarenas? Y Zulma, ¿de qué se acuerda?

17 Patricia recuerda la comida que vendía en el tren, y Zulma, los vendedores de las paradas. Y tú, ¿tienes recuerdos de comidas de algún viaje? ¿Cuáles?

18 Lee nuevamente los textos de la actividad 15 y fíjate en las palabras destacadas para responder a las preguntas.

a Se han utilizado dos verbos distintos para expresar una misma idea. ¿Qué verbos son? ¿Qué idea es esa?

____

b Además del significado, ¿qué semejanzas y diferencias hay entre los dos verbos?

____

____

	ACORDARSE	RECORDAR
Yo	**me** acuerdo	recuerdo
Tú/Vos	**te** acuerdas/**te** acordás	recuerdas/recordás
Él/Ella/Usted	**se** acuerda	recuerda
Nosotros(as)	**nos** acordamos	recordamos
Vosotros(as)	**os** acordáis	recordáis
Ellos(as)/Ustedes	**se** acuerdan	recuerdan

¡APRENDE!

Los verbos "acordarse" y "recordar" tienen un sentido muy parecido, pero sus formas no son idénticas.

Ejemplos: **Me acuerdo del** viaje a Italia. / **Recuerdo** el viaje a Italia.

19 Completa las frases con los verbos "acordarse" o "recordar", según corresponda.

a Salvador es una ciudad encantadora. ____________ sus playas y sus calles estrechas como uno de los paisajes más bonitos que ya he visto. (yo)

b Somos realmente muy despistados, ¡nunca ____________ de traer piyamas cuando viajamos! (nosotros)

c ¿____________ del teléfono o de la dirección del hotel que hemos reservado? (tú)

20 En tu caderno, escribe un relato sobre uno de tus paseos favoritos, real o ficticio. Usa los verbos "acordarse" y "recordar" para hablar de los sucesos que te quedaron en la memoria y el Pretérito Imperfecto de Indicativo para describir las circunstancias y características del entorno.

PRÁCTICA

1 Escucha el relato de un chico sobre algunos viajes que hacía en la infancia y, en parejas, contesten:

3

a ¿Por qué el chico iba de vacaciones a Foz de Iguazú?

____

____

b ¿Por qué esa ciudad le parece interesante?

____

c ¿Qué hacían el chico y su familia cuando iban a esa ciudad?

____

____

2 Corrige los errores de las frases según lo que escuchaste en la grabación.

a La empresa de su padre lo había trasladado a una ciudad en la frontera de Brasil con Uruguay.

____

____

b El viaje desde su ciudad era rápido porque lo hacían en avión.

____

c El chico ya conocía el español cuando fue por primera vez a los países vecinos.

____

3 En parejas, imaginen que ambos estuvieron en el Parque Nacional de Iguazú en épocas diferentes. Observen el folleto turístico sobre el parque y cuenten cómo fue la experiencia de cada uno. Comenten sobre:

a cómo era el paisaje natural;

b dónde comían;

c dónde compraban regalos, sacaban dinero, etc.;

d cómo se divertían.

PARQUE NACIONAL DE IGUAZÚ

SENDERO VERDE

Es un sendero alternativo hasta la Estación Cataratas y a los Circuitos Superior e Inferior que pasa por un área de bañado. Pueden verse aves, mariposas y otras especies.

CENTRO COMERCIAL

Aquí encontrará productos regionales, artesanías, laboratorio fotográfico, cajero automático, teléfonos e Internet.

PATIO DE COMIDAS

Una oportunidad para degustar comidas típicas argentinas y otros platos internacionales.

Restaurante/Parilla "La Selva - Pizzería".

4 Traduce las frases que están en portugués al español. Fíjate en los verbos.

a *Sempre que podíamos, viajávamos nas férias e visitávamos as Cataratas do Iguaçu.*

____

b *Às vezes passeava com alguns amigos. Costumávamos ir às compras em Ciudad del Este.*

____

c *Para viajar a Foz do Iguaçu, preparava minha mala com dois dias de antecedência.*

____

La "b" y la "v"

Como aprendiste en la página 9, a diferencia del portugués, los verbos de la 1.ª conjugación en Pretérito Imperfecto de Indicativo se escriben con "b". La "b" también aparece en:

- todas las formas de los verbos "escribir", "deber", "haber", etc.;
- las palabras que empiezan por "bi" con el sentido de "dos, doble", como "bisnieto";
- las palabras que contienen el elemento "bio" (= vida), como "biología";
- las palabras cuya "b" va seguida de una consonante: "labrar", "libro", "palabra", etc.;
- los adjetivos que en portugués terminan en "*–ável*": "amigable", "explicable", "probable", etc.

Se escriben con "v":

- los verbos "volver", "disolver", "absolver", etc.;
- las palabras que tienen que ver con movimiento, como "movilidad";
- las formas de Presente de Indicativo del verbo "ir": "voy", "vas", "va", etc.;
- las palabras que empiezan por "vice", como "vicecampeón";
- las palabras "obvio", "adverbio", etc., es decir, se usa "v" después de "b" y "d".

5 El avión se está volviendo un medio de transporte asequible tanto para el turismo de ocio como para el de negocios. Escucha esta publicidad de la empresa aérea "Vuelebien" y completa las palabras con "b" o "v", según corresponda.

4

Nuestra compañía te presenta una no___edosa promoción para el Día del Amigo. Mándanos un mensaje en el que indiques el nom___re de un amigo y ___iajen juntos en sus ___acaciones o en días feriados con ___illetes un 50% más ___aratos.

___uelebien, la manera más económica y segura de ___olar.

6 Cuando viajas, sea en avión o no, ¿te preocupas por tu alimentación? Lee algunas recomendaciones de una nutricionista española sobre cómo evitar problemas alimentarios en las vacaciones. Luego, contesta: ¿sueles seguir estas orientaciones cuando viajas, sea al extranjero o no? ¿Por qué?

Una alimentación sana durante un viaje al extranjero es posible

La primera recomendación es consumir una comida ligera antes de emprender el viaje: "Se puede optar por una ensalada, sopa de verduras, pollo asado y fruta fresca. Agua o jugo de frutas. Debe moderar el consumo de bebidas con cafeína, ya que su uso elevado contribuye a la deshidratación y altera el sueño", explica Bernardita Preusser Casassus, académica de la Escuela de Nutrición y Dietética de la Universidad Andrés Bello.

En el extranjero

La nutricionista detalla algunas recomendaciones para quienes cruzan la frontera en vacaciones:

- Antes de viajar, dedique algún tiempo a investigar la cultura gastronómica del destino internacional.
- Un *apart-hotel* es una buena alternativa ya que permite cocinar una comida sana al día.
- Las líneas aéreas ofrecen menús bajos en calorías, vegetarianos, para diabéticos, etc. Se debe realizar la solicitud con anticipación.
- Una vez en el extranjero, tome agua embotellada si no se dispone de agua potable.
- Procure comer alimentos cocidos y frutas y verduras que estén en buen estado y que usted mismo haya pelado; esta suele ser la principal causa de diarrea del viajero.
- Trate de equilibrar su alimentación, si su almuerzo fue abundante en grasas saturadas (frituras, embutidos, carnes rojas) en la siguiente comida escoja pescado, pollo y verduras cocidas a la plancha, asadas u horneadas.
- Para evitar la deshidratación y la acumulación de toxinas en el organismo, se recomienda elevar el consumo de agua al doble de lo realizado en condiciones normales.
- No coma productos crudos, especialmente huevos, carnes y mariscos.
- Tenga cuidado con los productos de pastelería, cremas, huevos, mayonesa que no estén mantenidos a bajas temperaturas (bajo 10 °C). [...]
- Evite lugares con poca higiene y vendedores ambulantes.
- Tome un buen desayuno y no deje pasar más de cuatro o cinco horas sin comer. [...]
- Evite beber de fuentes, grifos y cubitos de hielo. [...]
- Utilice constantemente gel desinfectante o lávese las manos con agua limpia hervida.

Disponible en <www.universia.cl>.

7 En el texto se mencionan algunos alimentos y bebidas, además de modos de preparación. Consulta el glosario al final del libro para saber sus significados y agrúpalos según los siguientes criterios:

a Alimentos: ____

b Bebidas: ____

c Estados: ____

d Modos de preparación: ____

8 A continuación, verás un anuncio publicitario extraído de un sitio que divulga los motivos por los cuales los turistas se interesan por México, entre ellos, la gastronomía. Léelo y contesta las preguntas que siguen.

Turismo gastronómico en México

Tortillas mexicanas.

Como en el resto del mundo, **México** ofrece toda su **gastronomía** a los visitantes que llegan para conocer sus maravillosos paisajes y lugares. De esta manera, durante su permanencia podrá disfrutar de las cuatro **comidas** diarias en los horarios a los que estaba acostumbrado.

Comenzará con el desayuno, en el que podrá degustar **huevos a la mexicana**, chorizos con huevos, [...] carne asada con huevos, entre otros menús. [...] Luego, entre la una y las cuatro de la tarde, disfrutará del almuerzo, ocasión en la que podrá probar algún guisado acompañado con tortillas o panes. [...] Como postre podrá degustar un dulce, o bien un platillo mexicano popular.

En la merienda, se destacan los sabores dulces, como el chocolate a la española [...] o los panes con graciosos nombres [...].

Disponible en <www.visitingmexico.com.mx>. (Adaptado).

guisado ▪ plato rehogado al que se añaden salsa y vegetales como las papas.

a El texto menciona cuatro comidas, pero solo presenta tres. ¿Cuáles son? ¿Cuál falta mencionar?

____

b ¿Cuál de las tres comidas crees que más difiere de las brasileñas? ¿En qué sentido?

____

c ¿Cómo definirías el turismo gastronómico?

____

d ¿Qué platos de la culinaria brasileña consideras representativos de nuestra gastronomía?

____

9 En parejas, elaboren un folleto como el de la actividad 3 sobre su ciudad o algún punto turístico. No se olviden de comentar los atractivos gastronómicos del lugar.

MERCADO LABORAL

Tras de lo que viste respecto al turismo y teniendo en cuenta tus aptitudes, puedes pensar en las siguientes actividades profesionales:

- guía turístico;
- agente de viajes;
- cocinero/a o chef de cocina;
- nutricionista.

2 Nos comunicamos

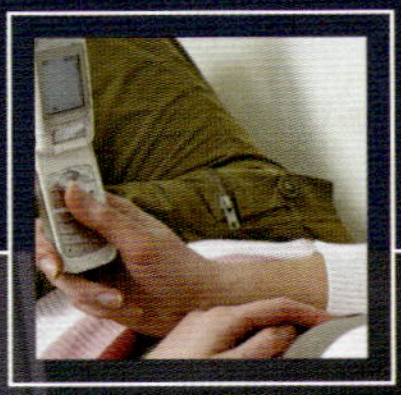

VAS A APRENDER A:

- reconocer los medios de comunicación;
- identificar y definir las nuevas tecnologías de la información y comunicación;
- hablar por teléfono;
- comunicarte utilizando las nuevas tecnologías.

PRECALENTAMIENTO

¿Qué significa para ti comunicarse mejor?

¿Crees que hoy nos comunicamos mejor que antes? ¿Por qué?

¿De qué recursos disponemos para ello?

Comunicar. (Del lat. *communicare*). **1.** tr. Hacer a otro partícipe de lo que uno tiene. **2.** tr. Descubrir, manifestar o hacer saber a alguien algo. **3.** tr. Conversar, tratar con alguien de palabra o por escrito. U. t. c. prnl. **4.** tr. Transmitir señales mediante un código común al emisor y al receptor. [...]

Diccionario en línea de la RAE. Disponible en <www.rae.es>. (Adaptado).

INTRODUCCIÓN

Con un compañero, hagan una lista de los medios de comunicación que conocen y contesten: ¿cuál les parece más útil para mantenerse informados? ¿Por qué? Busquen en el glosario o en un diccionario las palabras que necesiten.

PRESENTACIÓN

1 En parejas, observen las imágenes de dos medios de comunicación y contesten las preguntas.

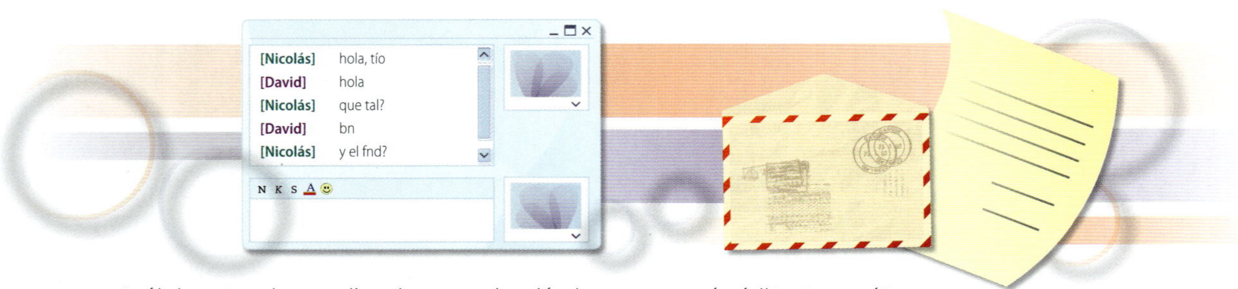

a ¿Cuál de estos dos medios de comunicación les parece más útil? ¿Por qué?

b ¿Cuáles son las ventajas y los inconvenientes de cada uno de ellos?

c ¿Cuándo fue la última vez que utilizaron alguno de ellos? ¿Cuál? ¿Para qué?

2 Lee el siguiente texto del *blog* "Generación Y", de una periodista cubana llamada Yoani. Luego, haz un círculo alrededor de todas las palabras referentes a las nuevas tecnologías destinadas a la comunicación.

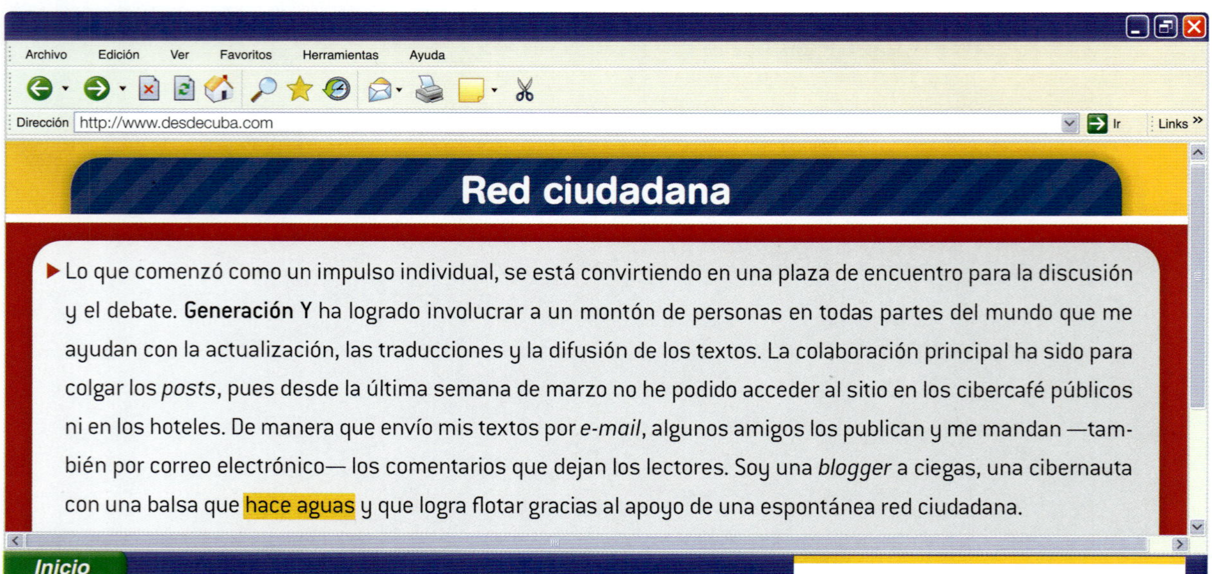

Red ciudadana

▶ Lo que comenzó como un impulso individual, se está convirtiendo en una plaza de encuentro para la discusión y el debate. **Generación Y** ha logrado involucrar a un montón de personas en todas partes del mundo que me ayudan con la actualización, las traducciones y la difusión de los textos. La colaboración principal ha sido para colgar los *posts*, pues desde la última semana de marzo no he podido acceder al sitio en los cibercafé públicos ni en los hoteles. De manera que envío mis textos por *e-mail*, algunos amigos los publican y me mandan —también por correo electrónico— los comentarios que dejan los lectores. Soy una *blogger* a ciegas, una cibernauta con una balsa que hace aguas y que logra flotar gracias al apoyo de una espontánea red ciudadana.

Post del 1 jul. 2008. Disponible en <www.desdecuba.com>.

hace aguas ■ que corre el peligro de hundirse.

3 Redacta una definición breve de estos ítems relacionados con la comunicación. Investiga en diccionarios, en Internet o conversa con alguien que tenga el hábito de utilizarlos.

Ejemplo: Chat: conversación escrita a distancia entre dos o más personas que están conectadas por medio de computadoras.

a *Post*: ______

b Sitio: ______

c Cibercafé: ______

d *E-mail*: ______

e *Blogger*: ______

f Cibernauta: ______

4 En el texto de la actividad 2 la autora se queja de que no puede acceder a su *blog* y agradece la ayuda de sus amigos que lo visitan y le mandan los comentarios de los lectores. ¿Por qué crees que Yoani no puede acceder a su *blog*?

5 Comenta con un compañero la siguiente afirmación: "Cada vez nos comunicamos más, pero no necesariamente mejor". ¿Están de acuerdo? ¿Por qué?

6 Además de los medios virtuales, otra herramienta de comunicación muy utilizada es el teléfono. Escucha la grabación y contesta las siguientes preguntas:

5

a ¿Por qué Ramón no pudo hablar con Ramiro en el primer intento?

______

b ¿Qué le propone Ramón a Ramiro?

______

c ¿Ramiro va a salir con Ramón? ¿Por qué?

______

d ¿Qué está haciendo la mamá de Ramiro?

______

7 Cuando hablamos por teléfono utilizamos algunas expresiones específicas. Relaciona las siguientes frases con sus significados.

I. Descolgar / Colgar (el auricular).	a (	) Llamada que se le cobrará a quien la recibe.
II. Está comunicando / Da ocupado.	b (	) Saludo inicial de una conversación.
III. A cobro revertido.	c (	) El número al que se llama está ocupado por otra comunicación.
IV. Hola / Aló / Diga / Dígame.	d (	) Llamada hecha de una ciudad a otra.
V. A larga distancia.	e (	) Empezar / Terminar una conversación telefónica.

8 Ahora, con un compañero, elaboren una conversación telefónica como la que han oído en la actividad 6. ¡No dejen de utilizar las expresiones de las actividades 6 y 7! Luego, dramatícenla.

____ ____

____ ____

____ ____

____ ____

El gerundio y la perífrasis "estar + gerundio"

Fíjate en la frase que escuchaste en la conversación telefónica de la actividad 6: "Esta noche no puedo... es que es el cumpleaños de mi mamá, **está preparando** una torta [...]". El último verbo en relieve está en **gerundio**, que es una de las llamadas formas no personales del verbo.

Cuando esta forma aparece en la estructura formada también con el verbo "estar" es una **perífrasis** e indica que la acción tiene un carácter progresivo, es decir, que se encuentra en pleno desarrollo en el momento en el que la enunciamos.

Ejemplo: Mi mamá **está preparando** una torta y yo la **estoy ayudando**.

El gerundio de verbos regulares

▸ Verbos terminados en "–ar": "–ando".

Ejemplo: cantar → cant**ando**.

▸ Verbos terminados en "–er" y en "–ir": "–iendo".

Ejemplos: comer → com**iendo**;
escribir → escrib**iendo**.

El gerundio de verbos irregulares

En los verbos "constr**uir**", "h**uir**", "incl**uir**", "**oír**", etc., en gerundio la "i" cambia por "**y**".

Ejemplos: Estoy constru**y**endo / hu**y**endo / inclu**y**endo / o**y**endo, etc.

Los verbos que terminan en "–ir" y en la penúltima sílaba tienen una "e", como "m**e**ntir", "p**e**dir", "s**e**ntir", "v**e**stir", etc., sufren un cambio vocálico: la "**e**" cambia por "**i**".

Ejemplos: Estás m**i**ntiendo / p**i**diendo / s**i**ntiendo / v**i**stiendo, etc.

> **¡APRENDE!**
> El gerundio del verbo "ir" es "yendo" y el del verbo "leer" es "leyendo".

Recuerda:

Como estudiaste en la unidad 8 del volumen 1, cuando un pronombre acompaña un verbo en gerundio, hay dos posibilidades de colocación: o va antes del verbo que lo acompaña (el verbo auxiliar, en este caso, "estar"), o aparece después del propio gerundio (verbo principal).

Ejemplos: Estoy levantándo**me**. / **Me** estoy levantando.
Estoy enviándo**le** este *e-mail* a Ana. / **Le** estoy enviando este *e-mail* a Ana.

9 Utiliza la perífrasis "estar + gerundio" para conjugar los verbos entre paréntesis, y completa las frases que vienen a continuación.

a ______________________ el diario con más frecuencia últimamente. (leer – yo)

b Raúl y yo ______________________ un *blog* sobre deportes extremos. (crear)

c Mis padres ______________________ una carta a mi hermana que ______________________ en otra ciudad. (escribir – estudiar)

d ¿Sabes por qué José y Carmen no ______________________ a las clases? (ir)

10 Lee el *blog* de Gustavo y complétalo con el gerundio o con la perífrasis "estar + gerundio" de los verbos que te damos entre paréntesis.

Archivo Edición Ver Favoritos Herramientas Ayuda

Dirección http://www.blog1.com.es

Sobrevivir a los 16 años

No es nada fácil sobrevivir a las espinillas, a las deportivas que cada vez me quedan más pequeñas y a las torturas de mi hermano mayor, que ahora ______________ (salir) con una chica y se la pasa ______________ (hablar) con ella y ______________ (usar) la computadora. Mi padre cuando llega del trabajo se pasa toda la tarde ______________ (escuchar) ópera y ______________ (ver) películas en el DVD, sin dejarme ver ningún partido de fútbol. Mi madre ahora ______________ (estudiar) chino y está todo el día ______________ (repetir) sonidos en mandarín y ______________ (decir) a todo el que la escucha que es el idioma del futuro. Como si fuera poco estudiar inglés, ahora ______________ (practicar) lo que aprende ella en sus clases...

Inicio

deportivas ■ zapatillas deportivas.

11 Pon los pronombres indicados en la(s) posición(es) adecuada(s). Fíjate en la acentuación, cuando sea el caso.

a ________ Estoy ________ llamando ________ desde hace más de una hora y tu teléfono solo comunica. (te)

b Carlos está apurado. Ahora ________ está ________ escribiendo________ un correo a Pedro y enseguida tiene que llamar a los demás. (le)

c Estas empresas ________ vienen ________ enviando ________ cartas promocionales todas las semanas. (nos)

12 Observa el siguiente dibujo en el que muchas personas están usando distintos medios de comunicación e información. Elige a una persona, sitúala en la imagen y comenta con un compañero qué está haciendo; él intentará adivinar de quién se trata. Luego, cambien los papeles.

13 A pesar de que el chat y el correo electrónico son medios de comunicación rápidos y eficaces, aún hay casos en los que es necesario enviar cartas tradicionales: en un sobre, con sello, por correo. Observa los siguientes ejemplos y contesta oralmente las preguntas que vienen a continuación.

Madrid, 14 de agosto de 2011.

Queridos padres:

Estoy muy contenta en Madrid. La familia con la que estoy viviendo me ha acogido muy bien y todos parecen muy simpáticos. La comida es bastante parecida a la nuestra, así que creo que no voy a tener problemas en este sentido. Mañana empiezan las clases. Ya les contaré.

Beso,

Carina

P. D. Escribo la dirección completa de la familia por si quieren mandarme algo desde Brasil:
Familia Rojas
C/ Relicario, 34. C.P. 28018. Madrid, España.

P. D. ▪ posdata: algo que se añade a una carta después de concluida.
C/ ▪ calle.

Vitória, 20 de octubre de 2011.

Estimados Señores:

Me llamo Cleber, soy brasileño, estudiante del segundo curso y tengo dieciséis años. Les escribo para solicitarles que me envíen información sobre los campamentos de verano que organiza su asociación en Argentina. Me gustaría obtener detalles sobre las fechas, precios y transporte.

Muchas gracias por su atención.

Cleber da Silva

P. D. Pueden mandar toda la información a mi dirección personal, que está impresa en el sobre.

a ¿En qué situaciones la práctica más común sigue siendo la de comunicarse por carta?

b ¿En qué se distingue la primera carta de la segunda?

14 En parejas, elijan una de las siguientes situaciones y redacten una carta. No se olviden de saludar y despedirse.

- Felicitación de cumpleaños.
- Petición de información a un club.

El infinitivo

Observa los verbos destacados en las siguientes frases extraídas de las cartas de la actividad 13:

"Escribo la dirección completa de la familia por si quieren **mandar**me algo...".

"Me gustaría **obtener** detalles sobre las fechas...".

Los verbos "mandar" y "obtener" no están conjugados, sino que se presentan en otra de las llamadas formas no personales del verbo: el **infinitivo**.

ESPAÑOL	PORTUGUÉS
Tengo que **ir**me ahora [del chat], pues mis padres me esperan para salir.	*Tenho que ir embora agora [do chat], pois meus pais me esperam para sairmos.*

Recuerda que, así como en gerundio, cuando un pronombre acompaña un verbo en infinitivo, hay dos posibilidades de colocarlo: o va antes del verbo auxiliar (pronombre + auxiliar + infinitivo) o va después del propio infinitivo (auxiliar + infinitivo + pronombre). En los casos en los que solo aparece el infinitivo, la única posibilidad de colocar el pronombre es después del verbo.

Ejemplos:
"... por si **me** quieren mandar algo..." / "... por si quieren mandar**me** algo...".
"Les escribo para solicitar**les** que me envíen información sobre los campamentos de verano...".

¡APRENDE!

A diferencia del portugués, el infinitivo, en español, es invariable.

15 Reescribe las frases e inserta los pronombres indicados entre paréntesis en la posición adecuada con respecto a las formas verbales en relieve. Fíjate que en algunos casos hay dos posibilidades; elige una de ellas.

a Tengo que fijar la fecha de mi fiesta con mis amigos. **Voy a llamar** a la noche. (los)

b Escribo para **avisar** de que no he terminado el trabajo todavía. (te)

c **Íbamos a hablar** por *e-mail*, pero no había señal de red. (nos)

d Es necesario **enviar** el trabajo hasta mañana. (les)

PRÁCTICA

1 ¿Qué noticias crees que pueden aparecer en una emisión de radio realizada por alumnos adolescentes? Contesta la pregunta, escucha la grabación hecha por algunos estudiantes y verifica tus hipótesis.

6

2 Con base en lo que escuchaste en la actividad anterior, contesta las siguientes preguntas.

a ¿En qué torneo participaron los alumnos? ¿Cuántos equipos del colegio compitieron?

b ¿En qué horario funcionó la Feria de Ciencias? ¿Quiénes la promovieron?

c ¿Las Olimpiadas de Matemáticas son un evento exclusivo para los alumnos del colegio? ¿Dónde se realizan?

3 En tríos, hagan una selección de temas que les gustaría tratar en una emisión de radio hecha por ustedes en la escuela y apúntenlos. Repártanse los temas y produzcan su propio programa de radio.

La "r" y la "rr"

4 Escucha y repite las palabras.

7

radio	revista	red	correspondencia	dirección electrónica	correo

Fíjate en el sonido de la "r": ¡no se pronuncia en la "garganta", como en portugués, tampoco cuando se trata de doble "r"!

5 Hay varios trabalenguas con palabras que se escriben con "r" o "rr", pero ahora les toca a ti y a un compañero crear nuevos juegos de palabras. Consulta un diccionario si fuera necesario. Pueden utilizar también otras palabras con "r" que aparecen en la unidad. Luego, lean su producción a todo el grupo.

____

____

El lenguaje de Internet

En las cartas de la actividad 13 aparecen algunas palabras en su forma reducida. A esta forma damos el nombre de **abreviatura**. La abreviatura consiste en representar gráficamente una palabra sin las letras finales o centrales. Además, se suele escribir con punto final. Observa:

> **P. D.** Escribo la dirección completa de la familia por si quieren mandarme algo desde Brasil:
> Familia Rojas
> **C/** Relicario, 34. **C.P.** 28018. Madrid, España.

Otra forma de reducción de palabras es el **acortamiento**. En general, suele aparecer en los chats, medio que requiere practicidad e instantaneidad en la comunicación. En el acortamiento se eliminan partes de una palabra para crear otra. Observa las siguientes frases:

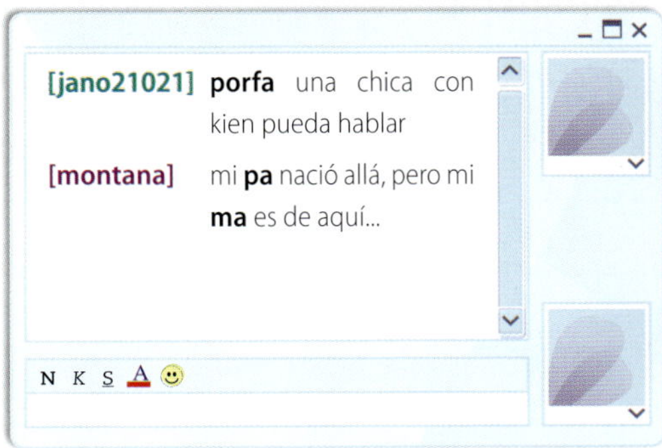

Disponible en <www.scielo.br>.

6 Relaciona las abreviaturas y acortamientos del chat anterior y de las cartas de la actividad 13 con las palabras completas correspondientes.

a ma	( ) calle
b P. D.	( ) madre
c C. P.	( ) posdata, después de lo escrito
d C/	( ) padre
e pa	( ) por favor
f porfa	( ) código postal

7 Ahora identifica los acortamientos y abreviaturas que aparecen en el recuadro y distribúyelos correctamente en las columnas que contienen las palabras completas correspondientes.

prof.ª finde mñn tel. A/A profe p. tb c.e. izq

Abreviaturas		Acortamientos	
a a la atención:	______	a profesora:	______
b página:	______	b fin de semana:	______
c correo electrónico:	______	c izquierda:	______
d profesora:	______	d también:	______
e teléfono:	______	e mañana:	______

8 Además de los acortamientos, otro recurso que se suele utilizar en los chats son los **emoticonos**, imágenes que deben interpretarse como un sentimiento o emoción de quien escribe. Observa las siguientes conversaciones, contesta las dos primeras preguntas y, en parejas, compongan el texto que se pide en el tercer ítem.

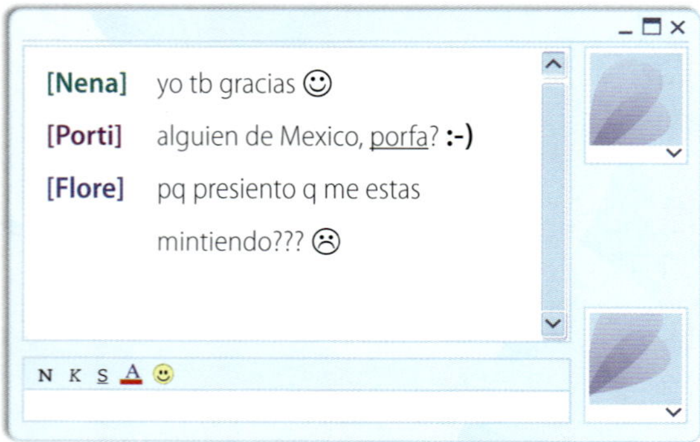

Disponible en <www.scielo.br>. (Adaptado).

a ¿Qué emociones crees que expresan los emoticonos presentes en el texto?

______

______

b ¿Qué otros emoticonos conoces? Da ejemplos y escribe qué significan.

______

______

c Con un compañero, empiecen una conversación como en un chat. Elijan un tema y desarróllenlo. Utilicen los recursos propios de ese tipo de comunicación.

______ ______

______ ______

______ ______

______ ______

9 Lee las siguientes propuestas para entablar una comunicación. Luego, relaciona cada una de estas propuestas con la que consideras la mejor vía de comunicarla: carta, chat, *blog*, correo electrónico, conversación telefónica o emisión radiofónica.

a Invitar a un amigo a un cumpleaños: ______

b Comentar las últimas noticias sobre tu equipo de fútbol: ______

c Contar novedades a un amigo que vive lejos: ______

d Invitar a alguien a hacer algo ese mismo día: ______

e Difundir actividades de tu escuela: ______

10 Con un compañero, elijan una de las propuestas de la actividad anterior que pueda comunicarse por teléfono o por emisión radiofónica y simúlenla al grupo.

11 Ya sabes qué es un *blog*. Piensa en temas que te gusten —deportes, música, cine, videojuegos, viajes, etc.— y escribe tu propio *blog* en español. Enséñalo a un compañero y proponle que te haga un comentario.

12 Lee el siguiente texto sobre la comunicación moderna y contesta las preguntas.

¿In-comunicados?

Rafael Velasco, sj (Editor responsable)

¿Qué sería de nuestra vida sin Internet, el celular, MP3, MP4, *wi-fi*, el chat, los SMS, el Ipod, por señalar algunos de los medios de comunicación y entretenimiento que nos configuran?

La pregunta no es inocente, dado que así como para una generación (la mía) estos medios han sido un descubrimiento y en algunos casos aún un misterio, para las generaciones más jóvenes es lo más natural del mundo. Han nacido en este mundo y su vida está configurada de alguna manera por estos medios: se chatea con los amigos, se arregla "la previa" por SMS, se corta una relación con mensaje de texto o por celular... [...]

Comunicar qué

Jóvenes y adultos estamos habitados por el miedo a ser mal entendidos, no recibidos, o no reconocidos —y por lo tanto heridos— en lo profundo de nuestro valor. Tememos no ser apreciados como de verdad somos. Por eso, a la vez que deseamos ser conocidos en nuestra originalidad, tememos decir quiénes somos de verdad. Más allá de que me estoy refiriendo a otro tipo de ocultamiento (el de los propios sentimientos que nos designan), vale señalar que no es casual que en el chat, por ejemplo, se utilicen *nicks* y otras estrategias para permanecer ocultos.

[...] Estos medios facilitan el acceso a la información y nos proporcionan confort y entretenimiento, pero la pregunta sigue ahí: ¿qué hacemos con "el otro"? ¿Cómo encontrarse de verdad? ¿Cómo decirte de verdad quién soy? ¿Cómo saber de verdad quién eres? [...]

Los medios son eso: medios, no fines. La finalidad —si uno busca ser feliz— es poder comunicarse de verdad, poder decirte quién soy y ser reconocido, que puedas decirme quién eres, y pueda recibirte, mirándonos a los ojos, estrechándonos las manos.

Disponible en <http://uccor.edu.ar>.

nick ■ especie de apodo que se utiliza en los chats.

a ¿Por qué crees que dieron el título "¿In-comunicados?" al texto?

____

b ¿Te parece que hoy es más fácil comunicarse con otras personas? ¿Por qué?

____

c Con tantos medios de comunicación, ¿es posible que alguien se sienta solo? ¿Por qué?

____

d Según el autor, ¿por qué nos ocultamos creando *nicks* en los chats?

____

e ¿Cuál es la finalidad de la comunicación?

____

13 En grupos, discutan: ¿cómo suelen felicitar a un amigo el día de su cumpleaños? ¿Creen que las nuevas tecnologías y los medios de comunicación han acercado o alejado a las personas? A pesar de la rapidez proporcionada por la tecnología, ¿por qué la gente tiene cada vez menos tiempo para dedicarse a los amigos o a la familia?

MERCADO LABORAL

Con base en lo que viste respecto al universo de la comunicación y teniendo en cuenta tus aptitudes, puedes pensar en las siguientes actividades profesionales:

- periodista;
- informático/a;
- ingeniero/a de telecomunicaciones;
- locutor/a de radio.

3 Medioambiente: problemas y soluciones

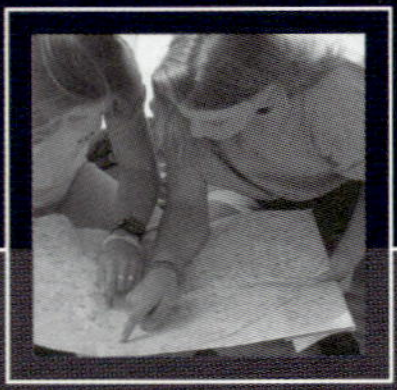
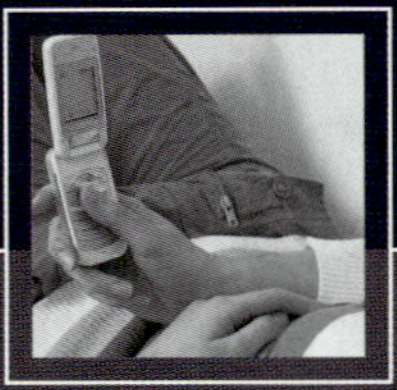

VAS A APRENDER A:

- reconocer la influencia del hombre en la degradación ambiental e identificar cómo evitarla;
- expresar acciones iniciadas y concluidas en el pasado;
- reconocer algunos animales en extinción.

PRECALENTAMIENTO

¿Qué tipo de contaminación identificas en la imagen? ¿Y en tu ciudad?

¿Quién suele ser el agente de ese tipo de contaminación?

¿Qué medidas se pueden tomar para evitar tales perjuicios al medioambiente?

Contaminar. [verbo] Estropear o destruir algún elemento del medioambiente con sustancias nocivas o perjudiciales. *El humo de los coches contamina el aire.* **poluir; contaminar.**

Dicionário Escolar Vox da Língua Espanhola. Edição monolíngue com tradução. São Paulo: Escala Educacional / Barcelona: Larousse (Anaya), 2006. p. 187.

INTRODUCCIÓN

En grupos, contesten oralmente las siguientes preguntas.

a ¿Qué acciones son perjudiciales para el medioambiente y, consecuentemente, para el hombre?

b ¿Creen que el ser humano actúa de manera positiva o negativa con respecto al medioambiente? ¿Cuándo actúa de un modo o de otro?

PRESENTACIÓN

1 Lee este texto de la revista chilena *Seventeen* sobre un problema ambiental y fíjate en los consejos que se dan acerca de la preservación del entorno.

Tú puedes cambiar el planeta. ¡Empieza AHORA!

Por Jessica Blatt y Verónica Romero

Es imposible que a estas alturas no hayas escuchado sobre el problema del calentamiento global. No solo los científicos, sino también artistas [...] se han propuesto explicarte este fenómeno que afecta a todo el planeta y buscan soluciones ecológicas para contrarrestarlo. Incluso, es posible que hayas visto en las noticias lo que las organizaciones internacionales y gobiernos están acordando para enfrentar este aumento acelerado de la temperatura, que es provocado principalmente por la sobreexplotación de los recursos, así como por el crecimiento de la población. La preocupación por nuestro planeta está en el aire, ¿pero realmente, qué sabes TÚ de cómo ayudar a frenar o disminuir el problema? Aquí es donde entra en acción esta Guía *Seventeen*. Considérala el intérprete personal que traducirá toda esa complicada información ambiental a acciones sencillas y concretas con las que puedes hacer una gran diferencia [...]. El calentamiento global ya ha causado daños irreversibles, pero la buena noticia es que puedes comenzar a hacer cambios (que tal vez te impliquen modificar algunos hábitos, como usar menos el secador de pelo o revisar tus cosméticos favoritos) para que el planeta deje de pagar las consecuencias. Además, ser ambientalista será bueno para ti: vivirás de forma más sana y te sentirás bien tan solo por saber que le das un gran respiro a la Tierra. [...]

EL PROBLEMA	¿Y QUÉ?	QUÉ PUEDES HACER
Matamos muchos árboles Cada dos segundos se tala un bosque del tamaño de un campo de fútbol.	Al haber menos árboles se produce más CO_2 y eso eleva la temperatura.	• Planta un árbol (proyecto de reforestación en tu entidad). • Ahorra papel: utiliza cada hoja de tus cuadernos.
Quemamos rápidamente combustibles Usamos aceite, carbón y gas a gran velocidad.	Estos combustibles liberan más CO_2 a la atmósfera.	• No gastes bencina (¡camina!, toma el transporte público). • Ahorra electricidad al apagar todas las luces que no uses.
Desperdiciamos recursos vitales No medimos el uso ni apoyamos la recuperación de recursos como el agua.	México: 300 mill. de pilas al año; 110 mill. botellas pet diarias; desperdicio de 250 mill. L de agua diarios.	• Utiliza la menor cantidad de productos artificiales o sintéticos; prefiere productos orgánicos o biodegradables de empaque reciclable y separa la basura de tu casa.
Extinguimos especies El cambio de temperatura altera el hábitat natural de los animales.	1 000 000 de especies desaparecerán ¡en 50 años!	• Apoya organismos profauna: greenpeace.org/chile.

Revista *Seventeen*, Televisa, n.° 55, p. 83 y 84, año 5, Santiago, Chile, mayo 2008.

contrarrestar ■ paliar, neutralizar el efecto de algo.

talar ■ cortar por el pie una masa de árboles.

CO_2 ■ gas carbónico.

mill. ■ millones.

bencina ■ gasolina.

2 Contesta las siguientes preguntas sobre los problemas y las soluciones que afectan el medioambiente.

a ¿Cuál es el gran problema ambiental comentado en el texto? ¿Cómo se define el fenómeno?

Calentamiento global. Matamos muchos árboles, quemamos rápidamente combustibles, desperdiciamos recursos vitales y extinguimos especies

b ¿Quiénes están dedicados a impedir que el calentamiento global se intensifique? ¿Cómo lo están haciendo?

Los científicos, sino también artistas.

3 Lee las frases que siguen sobre el texto de la actividad 1 y corrige las erróneas.

a El fenómeno del calentamiento global todavía es poco discutido y explicado a la población.

El fenómeno del calentamiento global todavía es mucho discutido y explicado a la población

b Es responsabilidad exclusiva del gobierno buscar soluciones para el calentamiento global.

No es responsabilidad exclusiva del gobierno buscar soluciones para el calentamiento global.

c Algunas acciones sencillas pueden y deben ser adoptadas por todos para revertir el problema del calentamiento global.

4 Relaciona las causas del aumento de la temperatura con las posibles soluciones al problema.

a Deforestación de los bosques.
b Quema acentuada de combustibles.
c Extinción de especies.
d Contaminación del agua.

(d) Dar preferencia a los productos biodegradables.
(b) Utilizar menos los vehículos.
(c) Apoyar las instituciones que protegen a los animales.
(a) Plantar árboles y ahorrar papel.

5 En parejas, piensen en otros problemas ambientales de los cuales también somos responsables y sugieran soluciones prácticas y sencillas que se pueden aplicar en nuestro día a día.

O acumolo de lixo nas ruas e bueiros que pode ser evitada jogando os lixos nas lixeiras.

6 Lee estos titulares de periódicos hispanoamericanos, apunta si lo que se noticia representa una acción positiva o negativa del hombre para el medioambiente y por qué.

CON PARTICIPACIÓN RÉCORD, ARRANCÓ EL FORO MUNDIAL DEL AGUA

Los ministros de 120 países **resaltaron** en una declaración concluyente la importancia del agua para un desarrollo que preserve el medioambiente del mundo.

Disponible en <www.clarin.com>.

Uma ação positiva, pois 120 países estão preservando água.

La flota de submarinos nucleares británicos sufrió varias fugas radiactivas

Entre los casos figuran tres escapes de refrigerante nuclear en 2004, 2007 y 2008.

Periódico *El País*, 29 sept. 2008.

escape ▪ fuga de un gas o de un líquido.

refrigerante nuclear ▪ líquido que sirve para evitar el calentamiento excesivo de motores nucleares.

Ação negativa, pois estão infectando as águas para o resfriamento.

7 Ahora observa los verbos en relieve en los titulares de la actividad anterior y marca la información adecuada.

a (X) Las formas verbales expresan hechos que se desarrollan en el momento mismo en que se divulga la noticia.

b ( ) Las formas verbales expresan hechos ocurridos y concluidos antes de haber redactado la noticia.

c (X) Las formas verbales expresan hechos que se van a desarrollar en un momento posterior al de la divulgación de la noticia.

El Pretérito Perfecto Simple de Indicativo

El **Pretérito Perfecto Simple de Indicativo** se usa para referirse a hechos que ocurrieron en un período terminado ("ayer", "anoche", "el mes pasado", "en 1998", etc.). Observa las terminaciones características de ese tiempo verbal:

Verbos regulares

	DENUNCIAR	PROTEGER	COMBATIR
Yo	denuncié	protegí	combatí
Tú/Vos	denunciaste	protegiste	combatiste
Él/Ella/Usted	denunció	protegió	combatió
Nosotros(as)	denunciamos	protegimos	combatimos
Vosotros(as)	denunciasteis	protegisteis	combatisteis
Ellos(as)/Ustedes	denunciaron	protegieron	combatieron

Verbos irregulares

Como ya estuciaron, hay algunos verbos que sufren cambios en la raíz al conjugarlos y por eso se consideran **irregulares**. Observa uno de los cambios del Pretérito Perfecto Simple de Indicativo en un verbo comparándolo con su forma en infinitivo: conv**e**rtirse → se conv**i**rtió.

Ese cambio de "e" a "i" ocurre en la 3.ª persona del singular (él/ella/usted) y en la 3.ª persona del plural (ellos/ellas/ustedes).

Otras irregularidades se pueden observar, por ejemplo, en esta secuencia de verbos:

	IR/SER	**ESTAR**	**PODER**	**PONER**	**TENER**
Yo	fui	estuve	pude	puse	tuve
Tú/Vos	fuiste	estuviste	pudiste	pusiste	tuviste
Él/Ella/Usted	fue	estuvo	pudo	puso	tuvo
Nosotros(as)	fuimos	estuvimos	pudimos	pusimos	tuvimos
Vosotros(as)	fuisteis	estuvisteis	pudisteis	pusisteis	tuvisteis
Ellos(as)/Ustedes	fueron	estuvieron	pudieron	pusieron	tuvieron

	DECIR	**QUERER**	**HACER**	**VENIR**	**DESTRUIR**	**SEGUIR**
Yo	dije	quise	hice	vine	destruí	seguí
Tú/Vos	dijiste	quisiste	hiciste	viniste	destruiste	seguiste
Él/Ella/Usted	dijo	quiso	hizo	vino	destruyó	siguió
Nosotros(as)	dijimos	quisimos	hicimos	vinimos	destruimos	seguimos
Vosotros(as)	dijisteis	quisisteis	hicisteis	vinisteis	destruisteis	seguisteis
Ellos(as)/Ustedes	dijeron	quisieron	hicieron	vinieron	destruyeron	siguieron

8 **Reescribe las siguientes frases basadas en el texto de la actividad 1 y sustituye el verbo original en relieve por el correspondiente en Pretérito Perfecto Simple de Indicativo.**

a No solo los científicos, sino también artistas [...] **buscan** soluciones ecológicas para contrarrestar el calentamiento global.

No solo los científicos, sinto también artistas [...] buscaron soluciones ecologicas para contrarrestar el calentamiento global

b Al haber menos árboles **se genera** más CO_2 y eso **eleva** la temperatura.

Al haber menos árboles se genisa más CO2 y eso eleva la temperatura

c El cambio de temperatura **altera** el hábitat natural de los animales.

E cambio de temperatura altiera el hábitat natural de los animales

d La preocupación por nuestro planeta **está** en discusión.

La preocupación por nuestro planeta esté en dicusión.

9 Aquí tienes una lista de sucesos importantes relacionados con el medioambiente. Construye la frase y convierte el sustantivo en verbo conjugado en Pretérito Perfecto Simple de Indicativo, como en el ejemplo.

Ejemplo: 1992 – **Reunión** de muchos presidentes en la Eco 92 en Río de Janeiro.
En 1992 muchos presidentes **se reunieron** en la Eco 92 en Río de Janeiro.

a 2008 – **Inundación** de varias ciudades en Santa Catarina en virtud de las lluvias.

En 2008 varias ciudades se inundacieron en la Eco 92 en R.J.

b 2004 – **Destrucción** de zonas de Indonesia y Tailandia por un *tsunami*.

En 2004 zonas de Indonesia y Tailandia se destruccion por un tsunami

c 1997 – **Firma** de acuerdo de los gobiernos sobre el Protocolo de Kioto.

En 1997 de acuerdo de los gobiernos se afirma sobre el Protocolo de Kioto

d Finales del siglo XX – **Aumento** en el agujero de la capa de ozono debido al incremento de la liberación de gases como los CFC.

En finales del siglo XX en el agujero de la capa se aumento de ozono debido

Las preposiciones y las locuciones preposicionales (I)

Observa este fragmento tomado del texto de la actividad 1 y pon atención a las palabras destacadas.

> [...] es posible que hayas visto **en** las noticias lo que las organizaciones internacionales y gobiernos están acordando **para** enfrentar este aumento acelerado **de** la temperatura, que ès provocado principalmente **por** la sobreexplotación **de** los recursos [...]

Como puedes ver, "en", "para", "de" y "por" son palabras que enlazan otros términos y establecen alguna relación entre ellas. Esta clase de palabras es invariable, o sea, no presenta cambios de género, de persona, ni de número y recibe el nombre de **preposición**.

Entre las diversas relaciones que pueden establecer, en este texto, tenemos:

Preposición	Función
en	Indica el lugar en el que se puede haber visto la información.
para	Indica la finalidad con la cual están acordando algo.
de	Especifica con la palabra "temperatura" el término anterior "aumento".
por	Indica el motivo del calentamiento global.

Muchas veces una misma preposición establece relaciones completamente distintas, según el contexto en el que se encuentre. Observa estos ejemplos con la preposición "por":

Preposición "por"	Relación
Vengo **por** este camino todos los días.	lugar
Te remití la noticia **por** correo electrónico.	medio
Por respeto al medioambiente, no uso bolsas plásticas.	causa

Otras preposiciones muy usadas en español son "a" y "con".

Preposición	Funciones	Ejemplos
a	Indica la dirección a que se encamina alguien o algo.	Voy **a** la escuela.
	Precisa el tiempo en que sucede algo.	Saco la basura **a** la noche.
	Indica la situación o localización de alguien o algo.	La industria está **a** la derecha del río.
con	Denota el medio o instrumento que sirve para hacer algo.	Lava todo **con** agua caliente.
	Expresa las circunstancias con las que sucede algo.	Usa el agua **con** moderación.
	Indica una acción conjunta y en compañía.	Fui **con** Ana al taller de reciclaje.

Además de unir dos palabras, algunas preposiciones se unen a otras palabras y forman las **locuciones preposicionales**, que son formas fijas con el valor de una preposición.

Locuciones preposicionales	Función
El hielo de los polos se está derritiendo **a causa del** calentamiento global.	motivo
A fin de proteger la naturaleza, me propongo cambiar algunas costumbres.	finalidad
Mucha gente estaba **en contra de** las medidas del gobierno.	contrariedad
De acuerdo con las estadísticas, el reciclaje de latas aumentó.	origen de la información

¡APRENDE!

En muchos casos el uso de las preposiciones en español difiere del portugués.

ESPAÑOL	PORTUGUÉS
No encontramos **a** Juan. ¿Ya habrá llegado **a** la escuela?	*Não encontramos o João. Será que ele já chegou **na** escola?*
Andar **en** bici no lanza CO_2 **a** la atmósfera.	*Andar **de** bicicleta não lança CO_2 **na** atmosfera.*

10 Completa las frases con la preposición o locución adecuada. ¡Ojo! Van a sobrar algunas y otras van a repetirse.

a causa de/del | para | de/del | por | de acuerdo con | con | a | en

a La temperatura se eleva ________ aumento ________ la emisión de CO_2.

b Se consumen más ________ 300 millones ________ pilas anualmente ________ México.

c Ahorrar agua es importante ________ el planeta.

d Si uno camina o va ________ bici ________ la escuela, reduce el consumo ________ combustible y colabora ________ la preservación ________ medioambiente.

11 Completa la noticia correspondiente al primer titular de la actividad 6 con las siguientes preposiciones:

al	por	en (2x)	de	con	a

CON PARTICIPACIÓN RÉCORD, ARRANCÓ EL FORO MUNDIAL DEL AGUA

Los ministros de 120 países resaltaron en una declaración concluyente la importancia del agua para un desarrollo que preserve el medioambiente del mundo.

Con una participación récord [...] comenzó hoy __________ Estambul, Turquía, el quinto Foro Mundial del Agua. [...] En las afueras del predio donde se realiza el foro, la Policía turca dispersó __________ gases lacrimógenos y palos __________ unos 300 manifestantes que intentaban acercarse __________ lugar y detuvo a una veintena. La manifestación había sido organizada __________ sindicatos, partidos __________ izquierda y ecologistas, con lemas como "el agua es el pueblo, es la vida, no está __________ venta" [...].

Disponible en <www.clarin.com>.

palo ■ trozo de madera, en general cilíndrico, fácil de manejar.

12 ¿Qué opinas sobre la frase "el agua es el pueblo, es la vida, no está en venta"? ¿Ves al agua como un bien común a todos los habitantes del planeta? ¿Quiénes tienen derechos y deberes sobre ella? Con un compañero, comenten su opinión de manera que utilicen algunas de las preposiciones presentadas.

PRÁCTICA

1 8 Vas a escuchar un texto extraído del sitio <www.animalesenextincion.info>, que trata de los animales en peligro de extinción. En él se explican los criterios utilizados para clasificar las especies amenazadas, los animales más conocidos que están en peligro y los hechos que causan ese problema. Determina cuáles de las informaciones que vienen a continuación son falsas y cuáles son verdaderas, y corrige las equivocadas.

a ( ) El hecho de que la existencia de una especie esté amenazada regionalmente significa que está en extinción.

____

b ( ) La caza no autorizada, la deforestación y el cambio climático son causas de la extinción de las especies.

____

c ( ) Se considera que más de 160 especies están en "estado crítico" de extinción.

____

d ( ) El oso panda, el puma, el cóndor y el tigre son algunos de los animales en peligro de extinguirse.

____

Oso panda.

2 En tu opinión, ¿quiénes son los culpables de la muerte de esos animales? ¿Por qué? ¿Qué podemos hacer para impedir el agravamiento del problema? Organiza un discurso en defensa de los animales en extinción y apunta tus ideas. Luego, preséntaselo a tus compañeros.

3 Busca en libros, revistas o en Internet las especies animales brasileñas amenazadas de extinción. Luego, comenta con tus compañeros: ¿qué podemos hacer para proteger a los animales? ¿Cuáles son las principales causas de muerte? ¿Te gustaría participar en campañas y programas dedicados a la protección de los animales?

Las palabras homófonas

4 Lee estas frases y fíjate en las palabras en relieve. Luego, contesta oralmente: ¿qué tienen en común las dos palabras destacadas? ¿Y en qué difieren?

- **Echo** abajo muchos recursos naturales cuando dejo el grifo abierto.
- El **hecho** de no ahorrar agua afecta a todos.

Hay algunas palabras en español que son **homófonas** ("homo" = igual; "fono" = sonido), es decir, se pronuncian igual, pero tienen significados diferentes. Como en el caso anterior, a veces la grafía también varía.

5 Busca en el glosario del libro o en un diccionario el significado en portugués de las palabras que siguen. Luego elige dos pares de palabras y construye frases que contengan las parejas de homófonas.

a Ola — hola: ____________________

b Barón — varón: ____________________

c Rebelar(se) — revelar(se): ____________________

d Hojear — ojear: ____________________

e Rallar — rayar: ____________________

f Malla — maya: ____________________

____

____

La "h"

6 Escucha la lectura de esta breve noticia y completa los huecos con las palabras que faltan.

9

Estuvieron literalmente con el agua al cuello cuando el ________ Katrina desoló Nueva Orleans en agosto de 2005, pero se salvaron. Cuatro años después, los 15 pingüinos [...] se ________ recuperado de sus ________, ________ repuesto su plumaje y disfrutan de sus últimos años de vida en unas vacaciones de sol halógeno y frío. [...]

Periódico *El País*, 26 ag. 2009. (Adaptado).

Observa que la "h" no se pronuncia en español. Incluso en el encuentro consonántico de "lh" (como en "malhumor") o "nh" (como en "bienhumorado"), la "h" sigue sin pronunciarse.

7 ¿Cómo se escriben las siguientes palabras en español? Busca las que no conozcas en un diccionario.

a *Álcool*: ____________
b *Horta*: ____________
c *Fava*: ____________
d *Fedor*: ____________
e *Geada*: ____________
f *Hoje*: ____________
g *Machado*: ____________
h *Mal-humorado*: ____________
i *Ombro*: ____________
j *Fome*: ____________

8 Con un compañero, contesten las preguntas que siguen.

a ¿Cómo es la calidad del aire que respiras?

____

b ¿Existe alguna forma de disminuir la contaminación del aire?

____

9 A continuación, vas a leer un artículo de opinión extraído del periódico español *El País* en el que se comentan dos formas de contaminación ambiental. Los artículos de opinión pertenecen a un género periodístico en el que el autor expone su punto de vista acerca de un tema y presenta argumentos para reforzarlo.

La contaminación del aire y del agua

Iñaki Díaz de Etura López

Si la contaminación del agua potable se considera un símbolo de tercermundismo, parece ser que la contaminación del aire respirable viene a ser un símbolo del Primer Mundo. Y yo me pregunto dónde está la diferencia entre enfermar a causa del agua que bebes o hacerlo a causa del aire que respiras.

Cuando menos, identifico una diferencia importante: en el caso del aire, la culpa es nuestra y, además, está distribuida. Por mucho que algunos sigan intentando buscar fantasmas posindustriales, la falta de calidad del aire en nuestras ciudades tiene un nombre y ese es el tráfico motorizado. Y **he aquí** una auténtica verdad incómoda, porque afecta a ese símbolo de estatus en el que hemos convertido al automóvil.

No necesito leerlo en ningún informe de cuyo posible **sesgo** nunca estaré seguro; lo veo, lo huelo y lo respiro todos los días en mi ciudad. Basta ya de mirar para otro lado. Nos estamos envenenando y los culpables somos nosotros mismos. Necesitamos menos coches en las calles. Tanta apología del automóvil no es progreso ni nos hace vivir mejor, solo sirve para alimentar el ego de unos cuantos a costa de la salud de todos.

No aceptaríamos beber un agua contaminada; ¿por qué aceptamos respirar un aire contaminado?

Periódico *El País*, 29 marzo 2008.

he aquí ■ *eis aqui.*
sesgo ■ rumbo o dirección que toma un asunto.

10 Con respecto al texto que leíste en la actividad anterior, contesta estas preguntas.

a ¿Cuáles son los tipos de contaminación que se mencionan?

b ¿Cómo sabe el autor del texto que existe la contaminación del aire?

c ¿En qué partes del mundo la contaminación del agua es más preocupante? ¿Y la del aire? ¿Por qué?

d ¿El gobierno es el único culpable de la contaminación?

e ¿En qué resultó, según el autor, todo el discurso positivo sobre las ventajas del automóvil?

f ¿Dónde se suelen publicar artículos de opinión como el que leíste?

g ¿Cuál es el objetivo de un autor que decide utilizar el género artículo de opinión para expresarse?

11 ¿Estás de acuerdo con la opinión del autor del artículo? ¿Por qué?

12 Basado aún en el texto que leíste anteriormente y en lo que observaste sobre el género artículo de opinión, crea tú también un texto breve en el cual expreses tu conocimiento y opinión acerca de los problemas relacionados con el medioambiente. Te damos algunas ideas:

- Arrojar la basura a la calle.
- Uso de las bolsas de plástico *vs*. diseño de bolsas de tela modernas y atractivas a bajo costo.
- Uso de agua limpia *vs*. aprovechamiento del agua de la lavadora para lavar los autos y el garaje.
- Tirar la basura a los ríos.
- Tirar los materiales plásticos a la basura común *vs*. separarlos para reciclaje.
- Extinción de especies.
- Cambio climático / calentamiento global / tormentas / sequía / deshielo.

MERCADO LABORAL

Con lo que viste respecto al sector medioambiental y teniendo en cuenta tus aptitudes, puedes pensar en actuar como:

- gestor/a ambiental;
- ingeniero/a ambiental;
- reciclador/a de materiales;
- paisajista.

4 Nos movemos

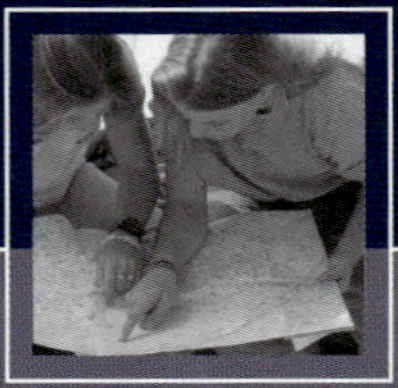
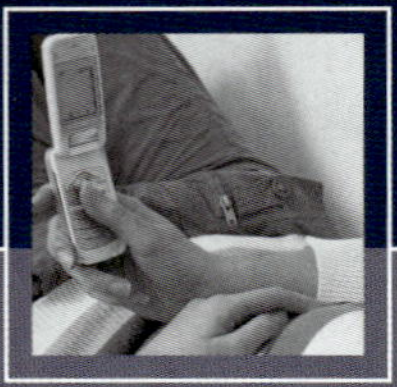

VAS A APRENDER A:

- expresar acciones en el pasado que se prolongan hasta el presente;
- identificar los medios de transporte;
- expresar desplazamiento o límite;
- pedir y dar información sobre la ubicación de un determinado sitio.

PRECALENTAMIENTO

¿Qué transporte individual te gusta más? ¿La moto, la bicicleta o el auto?

¿En qué situaciones es conveniente utilizar la moto en vez de los demás medios?

Además del uso en la vida práctica, ¿en qué situaciones se utilizan las motos?

Transporte. [tb. trasporte]. m. **1.** Hecho de transportar o transportarse. *El ferrocarril facilitó el transporte de mercancías.* **2.** Sistema de medios de transporte (→ 1) de personas o cosas. *Utilice el transporte público.* Tb. cada uno de esos medios. *En la ciudad, el transporte más rápido es la moto.* Tb., frec. en pl., designa la actividad comercial correspondiente. *Empresa de transportes.*

Diccionario del Estudiante. España: Real Academia Española/ Santillana, 2005. p. 1383.

INTRODUCCIÓN

Además de la necesidad de que existan medios que acorten el tiempo de desplazamiento, el hombre consiguió desarrollar su creatividad al utilizar los automóviles para otros fines, como, por ejemplo, en prácticas deportivas. Lee este texto y contesta las preguntas que vienen a continuación.

El origen de los medios de transporte

Fueron motivaciones históricas, antropológicas y biológicas las que llevaron al hombre a desarrollar los diversos medios de transportes existentes. Pero también la curiosidad característica del ser humano lo **ha incentivado** a querer explorar su morada, la Tierra.

[...] Así es como, desde los primeros troncos usados en forma de rodillos, pasando por la rueda, los barcos a vela, los aviones y los cohetes espaciales, el hombre fue creando los medios que le permitieron, por necesidad o curiosidad, transportarse a través del espacio.

Disponible en <www.educar.org>. (Adaptado).

a ¿Qué llevó al hombre a desarrollar los medios de transporte?

____

b ¿Los troncos usados en forma de rodillos fueron los antecesores de qué transporte de hoy?

____

PRESENTACIÓN

1 El ansia creativa del hombre lo llevó a adoptar algunos medios de transporte para los deportes. Lee esta breve biografía de un destacado piloto español.

El piloto español Fernando Alonso.

FERNANDO ALONSO, EL REY DE LA FÓRMULA 1

Fernando Alonso Díaz se inició en el mundillo de los *karts* cuando apenas tenía tres años. A los ocho ganaba sus primeras carreras. [...] Su constancia era increíble. Cuentan los que lo vieron crecer que se pasaba las tardes dando vueltas con su *kart* en un circuito en las cercanías de Oviedo y cuentan también que, cuando los demás niños paraban a merendar, él seguía; y, cuando llovía, todos se iban a casa menos el pequeño Fernando, que continuaba corriendo. [...]

[...] En 2001 debutaba en la Fórmula 1 [...]; al año siguiente se pasaría la temporada como piloto probador de *Renault*; y, por fin, en 2003 llegaban sus primeros éxitos como piloto oficial de la escudería francesa. [...]. Este año [2005], por fin, **se ha cumplido** su sueño: ser Campeón del Mundo.

Revista *Puntoycoma*, n.° 0. Madrid: Habla con eñe S. L. 2006. p. 32-33.

biografía ■ descripción o narración escrita de la vida de una persona.

kart ■ pequeño coche de carrera.

apenas ■ solo.

2 Contesta las siguientes preguntas sobre la biografía de Fernando Alonso.

a ¿Cuándo empezó la carrera el piloto español? ¿En qué modalidad?

b ¿Qué hacía Alonso en la infancia y qué lo diferenciaba de los demás niños?

c ¿Te gusta ver las carreras de automovilismo? ¿Por qué?

d Además del automovilismo, ¿en qué otros deportes se han empezado a usar los medios de locomoción?

e ¿Cuáles han sido los sucesos más importantes para el piloto?

El Pretérito Perfecto Compuesto de Indicativo

Como viste en el texto, el verbo "cumplir" aparece en **Pretérito Perfecto Compuesto de Indicativo** y expresa una acción que se dio en el pasado pero que aún se refleja en el presente, o sea, que aún guarda relación con el momento actual. En portugués no disponemos de esta forma compuesta, por eso muchos de sus valores se expresan en nuestra lengua usando el *Pretérito Perfeito Simples*.

¡APRENDE!

En Hispanoamérica no se observa un uso tan extendido del Pretérito Perfecto Compuesto de Indicativo como en España. En su lugar, se utiliza el Pretérito Perfecto Simple de Indicativo ("se cumplió"), principalmente en las conversaciones.

ESPAÑOL	PORTUGUÉS
He salido a pasear en bicicleta.	***Saí*** *para passear de bicicleta.*
Este año, por fin, se **ha cumplido** su sueño.	*Este ano, finalmente, se* ***realizou*** *seu sonho.*

Formación: presente del verbo "**haber**" + **participio** del verbo principal.

	HABER	FRENAR	CORRER	CONDUCIR
Yo	he			
Tú/Vos	has			
Él/Ella/Usted	ha	frenado	corrido	conducido
Nosotros(as)	hemos			
Vosotros(as)	habéis			
Ellos(as)/Ustedes	han			

Algunos participios irregulares

Abrir: abierto.	**Devolver**: devuelto.	**Morir**: muerto.	**Romper**: roto.
Cubrir: cubierto.	**Escribir**: escrito.	**Poner**: puesto.	**Ver**: visto.
Decir: dicho.	**Hacer**: hecho.	**Resolver**: resuelto.	**Volver**: vuelto.

3 Reescribe las frases y pasa los verbos en relieve al Pretérito Perfecto Compuesto de Indicativo.

Ejemplo: A Juan le **gusta** salir a pie para estar en contacto con la naturaleza.
A Juan le **ha gustado** salir a pie para estar en contacto con la naturaleza.

a Antes de salir para la escuela, **pongo** mis libros en la cesta de la bicicleta.

____

b ¿**Resolvéis** el problema con la moto?

____

c Ustedes **hacen** buenos arreglos en mi coche, por eso me **gusta** su trabajo.

____

d Después de la escuela, ¿**vuelves** a casa en metro?

____

4 Júntense en parejas. Uno hará las preguntas que siguen a un compañero y luego comentará con el grupo qué le contestó él. El otro las contestará utilizando el Pretérito Perfecto Compuesto de Indicativo. Se pueden usar las palabras del recuadro como apoyo para responder el ítem "a".

el taxi	la motocicleta	el tren	el helicóptero
la canoa	el caballo	el autobús	el metro

a ¿Qué medios de transporte has utilizado esta semana, adónde has ido y con quién?

b ¿Alguna vez te has retrasado para algún compromiso? ¿Cómo lo has arreglado o cómo has llegado a tiempo?

5 Observa los siguientes billetes y contesta las preguntas que vienen a continuación.

a ¿Qué día y a qué hora se emitió el billete español?

____

____

b Según el número de viajes, ¿los dos billetes son semejantes? ¿Por qué?

____

____

c Al observar el billete del metro argentino se nota una diferencia respecto al de Madrid. ¿Qué nombre se le da a este medio de transporte en Argentina?

____

____

6 Además de los medios de transporte que aparecieron hasta ahora, ¿cuáles son los que sueles ver en tu ciudad? Agrúpalos en terrestres, acuáticos o aéreos.

____

____

7 Júntense en parejas y háganse las preguntas que siguen el uno al otro. Contesten oralmente.

a ¿Estás ansioso por cumplir dieciocho años y sacarte el carné de conducir? ¿Por qué?

b Para ser un buen conductor, ¿basta con saber manejar el coche? ¿Por qué?

c ¿Cuáles son los riesgos de conducir después de beber alcohol?

d ¿Conoces a alguien que haya sufrido un accidente por conducir después de beber?

8 Lee el texto que viene a continuación, que comenta un estudio sobre el riesgo de conducir al tener síntomas de resaca. Luego, contesta las preguntas.

CONDUCIR CON RESACA O EBRIO, IGUAL DE PELIGROSO

Mucho se ha dicho sobre la mala relación que existe entre el alcohol y el volante, sin embargo, día a día somos parte de la realidad donde miles de personas mueren a causa de un accidente automovilístico ocasionado por un conductor ebrio. Y es que resulta fácil pensar que por estar dentro del límite permitido por la ley o haber descansado unas horas, somos capaces de manejar.

Sin embargo, un estudio realizado por *Brunel University* de Londres, señaló que conducir con resaca es **cuatro veces** más peligroso que hacerlo sobrio. Señala también que el tiempo mínimo para conducir después de haber ingerido alcohol son 12 horas, de lo contrario no se conduce en plenitud de facultades. [...]

Los autores del estudio eligieron a un grupo de estudiantes, cuyas reacciones al volante fueron estudiadas primero en condiciones de sobriedad y después bajo los efectos de una resaca. [...] Los resacosos condujeron a más velocidad, se salieron con mucho más frecuencia de su carril y cometieron el **doble** de infracciones, ignorando semáforos en rojo o saltándose señales de *stop*.

En un circuito urbano de ocho kilómetros, los sobrios condujeron a una media de 52.45 kilómetros por hora y los afectados por los excesos de la noche lo hicieron a 67.09 kilómetros por hora.

Disponible en <http://revistalaura.com>.

ebrio ▪ dicho de una persona embriagada por la bebida.

a ¿Por qué algunas personas piensan que son capaces de manejar después de beber?

____

b Después de ingerir alcohol, ¿cuánto tiempo hay que esperar hasta poder conducir?

____

c Durante la realización del estudio, ¿cómo actuaron los jóvenes en condiciones de resaca?

____

d ¿Qué modificación produce la palabra en relieve en la frase "[...] cometieron el **doble** de infracciones..."?

____

Los números multiplicativos

Palabras como “doble”, “triple” o “cuádruple” reciben el nombre de **multiplicativos** y son siempre masculinas. En general, van precedidos de artículo definido y seguidos de la preposición “de” (“el doble de”). Del cuatro en adelante, se utiliza el número cardinal acompañado de la expresión “veces más/mayor”.

Ejemplo: Un autobús transporta **nueve veces más** personas que un coche.

9 Sustituye las expresiones destacadas por el multiplicativo adecuado en cada caso. Haz los cambios necesarios.

doble
triple
cuádruple

a Esta vía es **cuatro veces más** larga que la antigua.

____

b Este tren es **tres veces más** rápido que el común.

____

c La gasolina ha estado **dos veces más** cara que el alcohol.

____

10 Vuelve al texto de la actividad 8 y apunta la velocidad alcanzada por los investigados en esas condiciones:

a Sin haber bebido: ____________________

b Con síntomas de resaca: ____________________

¡APRENDE!

La unidad de medida “km/h” (kilómetro por hora) se utiliza para medir velocidades. Utilizamos km/h, por ejemplo, para medir la velocidad que alcanzan los animales cuando corren o los medios de transportes. También se utiliza para determinar la velocidad límite para vehículos en una calle, avenida, carretera, etc.

11 Investiga la velocidad límite de la calle en donde vives y la de los alrededores. Comenta con los demás cuáles te parecen ser las más adecuadas a la seguridad de los peatones y de los conductores.

Las preposiciones (II)

12 Lee la conversación que se reproduce a continuación.

IBGE, 2006.

13 Contesta las siguientes preguntas sobre el diálogo anterior:

a ¿Cómo va el hombre a Salto? ¿Por qué utiliza ese medio de transporte?

____

b ¿Cuál es la preposición usada con el medio de transporte elegido?

____

Como viste en el diálogo de la actividad anterior, se usa la preposición "**en**" para introducir los medios de transporte "auto" y "avión". Esa es también la preposición usada para los demás medios ("autobús", "bicicleta", "camión", "navío", etc.). Sin embargo, se usa la preposición "**a**" para: ir a pie; ir a caballo.

14 Traduce al español las frases que siguen. Fíjate en la preposición que debes usar con cada medio de transporte y trata de utilizar las formas del Pretérito Perfecto Compuesto de Indicativo.

a *Sempre vim à escola de ônibus.*

____

b *André preferiu ir ao trabalho de metrô.*

____

c *Natália e Joana sempre foram a pé para a escola.*

____

d *Esta manhã choveu muito e viemos de carro.*

____

"Hasta" y "hacia"

15 Lee las siguientes frases y fíjate en las preposiciones en negrita. Luego, basándote en tus observaciones, completa las definiciones con la mejor opción del recuadro.

¿Cuánto tiempo tardamos en viajar **hasta** la playa?
Vamos a pie **hacia** tu casa.

la dirección	el término

a Utilizamos la preposición "hasta" para indicar ______________ de un movimiento.

b Utilizamos la preposición "hacia" para indicar ______________ de un movimiento.

16 A continuación rellena el relato de un diario. Señala entre las tres opciones de preposición indicadas la más adecuada para cada caso.

16 de junio - 17:30 h

Bueno, un fin de semana más va terminando y mañana a clases de nuevo... Pero estoy más dispuesto a empezar porque este fin de semana mis amigos y yo hemos hecho un paseo (de / en / a) bicicleta por el parque de la ciudad que fue fenomenal. Para llegar allí, hemos pedalleado (de / hacia / para) la principal vía de salida del pueblo: el parque queda a unos 2 kilómetros de la carretera.

Mientras estaba allí, me acordé que de niño, hice muchas veces ese recorrido (en / a / de) pie con mis padres, pero fue mejor hacerlo (en / con / de) bicicleta con los chicos. Además, cuando iba caminando, llevaba casi el triple del tiempo para llegar.

Algunos quedaron en encontrarse en el colegio para salir juntos desde allí. Yo no pude ir con ellos porque el sábado mi mamá tuvo un compromiso y una vez más tuve que acompañar a mi hermana menor (hacia / para / hasta) la parada del autobús.

Así que este ha sido un finde un poco distinto y eso me ha gustado mucho. A ver cómo será la semana...

Recuerda:

Los **adverbios** son palabras que modifican el sentido de los verbos, de los adjetivos, de otros adverbios y de toda una frase. Ellos añaden a las oraciones una circunstancia que puede ser de lugar, modo, tiempo, etc.

Los **adverbios de lugar**, como estudiaste en la Unidad 5 del volumen 1, indican localización. Son ellos: aquí; acá; allí; allá; alrededor; lejos; (a)delante; atrás; (a)dentro; (a)donde; ahí; cerca; abajo; arriba; encima; detrás.

17 ¿Qué adverbio de lugar aparece en el relato del diario, en la actividad 16? ____________________

18 Ahora, en parejas, háganse oralmente las siguientes preguntas.

a ¿Hay un supermercado en tu barrio? ¿Está lejos de tu casa?

b ¿Sabes ir al centro de la ciudad? ¿Sueles ir en autobús?

c ¿Tardas mucho en llegar a la escuela?

d ¿Hasta qué hora te quedarás aquí?

e ¿Cuándo te levantas temprano?

PRÁCTICA

Pedir y dar información

¿Qué se puede decir para...	
... pedir información?	... dar información?
¿Puede decirme cómo hago para llegar hasta/a...?	Cruce/Gire a la derecha/a la izquierda. Siga todo recto.
¿Cuánto tiempo se tarda desde/de... hasta/a...?	Se tarda... horas/minutos.
¿Hay autobús/tren para...?	Sí, hay uno que sale a las...
¿Dónde está la estación/la parada/la tienda...?	Está a la derecha/a la izquierda de...

1 Escucha la grabación sobre una excursión a la Ciudad de México y acompáñala con el mapa.

Disponible en <http://maps.google.com.br>.

2 Teniendo en cuenta la actividad anterior, relaciona las informaciones del recuadro con las opciones dadas.

partida	llegada	pasar por	punto de encuentro

a Calle México Lindo:

____

b Calle La Guerrillera:

____

c Establecimiento comercial:

____

d Calle de La Rielera:

____

3 Escucha de nuevo la grabación y sigue el camino en el mapa. Luego, contesta: ¿por cuáles otras calles vas a pasar si vas a la excursión?

10

____

____

____

La "s" y la "x"

El sonido de la "**s**" se asemeja al sonido de "ss" y "ç" del portugués.

La "**x**" tiene sonido de "ks", cuando se sitúa en medio o al final de la palabra. Cuando va a inicio de palabra se pronuncia como "s".

¡APRENDE!

La "x" de las palabras "México", "Texas" y "Oaxaca" y sus derivadas se pronuncia como "j".

"Se escriben con 'x': [...]

- Las palabras que empiezan por la sílaba 'ex–' seguida del grupo 'pr–'.

  Ejemplos: expresar, exprimir.

- Muchas palabras que empiezan por la sílaba 'ex–' seguida del grupo '–pl'.

Ejemplos: explicar, explotar.

- Las palabras que empiezan por los prefijos 'ex–' (en el sentido de 'fuera, más allá' o 'privación') y 'extra–' (en el sentido de 'fuera de').

Ejemplos: excéntrico, extramuros".

REAL ACADEMIA ESPAÑOLA. *Ortografía de la Lengua Española.* Madrid: Espasa, 2010. p. 154-156.

4 Escucha la grabación y repite correctamente las frases.

11

ESPAÑOL	PORTUGUÉS
Como los autobu**s**es lu**x**emburgueses hacían una e**x**tensa huelga, las empre**s**as de ta**x**is trabajaban con el número má**x**imo de coches e**x**tras.	*Como os ônibus lu**x**emburgueses faziam uma e**x**tensa greve, as empre**s**as de tá**x**is estavam trabalhando com o número má**x**imo de carros e**x**tras.*
Voy a **x**erocopiar los apuntes de la cla**s**e de **x**ilografía porque falté ese día.	*Vou **x**erocar as anotações da aula de **x**ilografia porque nesse dia eu faltei.*
El e**x**tranjero e**x**traña e**x**cesivamente su antigua ca**s**a y a su e**x**mujer.	*O e**s**trangeiro sente saudades e**x**cessivas da sua antiga ca**s**a e da sua e**x**-mulher.*

xilografía ■ arte de grabar en madera.

5 Busca en un diccionario o en el glosario del libro el correpondiente en español de las siguientes palabras:

a *Exame*: ______________________

b *Estender*: ______________________

c *Exagero*: ______________________

d *Isento*: ______________________

6 Escribe una frase con dos palabras de la actividad anterior en Pretérito Perfecto Compuesto de Indicativo.

____

____

____

____

7 En parejas, discutan sobre uno de estos temas relacionados con el modo de desplazamiento de las personas. Muestren sus opiniones y argumentos a favor o en contra de las afirmaciones.

- El coche es un medio de transporte indispensable actualmente.
- El estrés que sufre gran parte de la sociedad en las grandes ciudades se refleja en el tránsito.

Tráfico intenso en la avenida Nueve de Julio, en Buenos Aires.

8 ¿Conoces a alguien al que le gustaría ser piloto de carreras? Imagina que un compañero tuyo siguió ese camino y ahora es un campeón. En grupos de tres o cuatro personas, escriban cómo ha sido su vida: la infancia; los estudios; cómo empezó; qué premios ha ganado, etc.

9 En parejas, contesten las preguntas que siguen:

a En la opinión de ustedes, ¿cuál es el medio de transporte más usado en el planeta?

b ¿Cómo es el transporte público en la ciudad en donde viven?

c ¿Creen ustedes que el transporte público es un derecho de los ciudadanos? ¿Por qué?

10 Lee este reportaje sobre el uso de la bicicleta en algunas ciudades. Luego, crea un título para él y escríbelo en el lugar correspondiente.

¿Qué vehículo es rápido, barato, fácil de aparcar y no contamina?

Efectivamente, la bicicleta. Con las ciudades colapsadas por cientos de miles de coches y el planeta enfermo de fiebre, la humilde bicicleta renace [...].

Cada año se venden 100 millones de bicicletas [...] y se estima que puede haber 1400 millones en todo el mundo. La bicicleta sigue siendo, de lejos, el medio de transporte más usado en el planeta. Y en un mundo cada vez más urbanita se produce una paradoja: mientras los países en desarrollo abrazan el coche como un tótem de su recién ganada prosperidad, los ricos vuelven la vista a la bici para arreglar el desaguisado urbanístico y medioambiental creado por el coche.

El norte de Europa y algunas ciudades de Norteamérica son modélicas en el uso de la bici y su experiencia se está adoptando en el sur [...]. En estos países, actualmente, el debate gira en torno a la minimización de la siniestralidad de los ciclistas. En España la bici avanza pero con el freno puesto. En las ciudades los ciclistas no se atreven a pedalear por el miedo al coche y la escasez de carriles específicos para bicicletas. Sin embargo, las vías para dos ruedas no se construyen (o se hacen pero no llegan a ninguna parte) por la escasez de ciclistas. Lo que nadie pone en duda es que, con el barril de petróleo escalando al mismo ritmo que la temperatura global, la bicicleta se impone como el mejor medio de transporte sostenible urbano del futuro. Y del presente.

Revista *Condé Nast Traveler* n.º 7, mayo 2008. p. 34.

aparcar ▪ estacionar.	**desaguisado/a** ▪ inconveniente.
urbanita ▪ citadino.	**modélica** ▪ ejemplar.
paradoja ▪ contradicción.	**siniestralidad** ▪ accidente.
tótem ▪ emblema.	**carril** ▪ vía.

11 En la ciudad en donde vives, ¿es común encontrar ciclistas? ¿En qué lugares y en qué situaciones?

____

12 ¿Sabes andar en bicicleta? ¿Te gusta? ¿Por qué?

____

13 La ostentación es una mala costumbre que tiene la gente. Sus efectos se pueden observar incluso en el medioambiente. Localiza en el texto de la actividad 10 un fragmento que se refiera a ese hábito y subráyalo.

14 ¿Te parece que es común que adquiramos bienes con el objetivo de no solo disfrutar de sus utilidades sino también de exhibirlos a los demás como muestra de nuestro poder económico? ¿Conoces a muchas personas que lo hacen? En parejas o en tríos, discutan esa necesidad de presentar a los demás nuestras posibilidades financieras.

MERCADO LABORAL

Tras lo que viste con respecto a los medios de transporte y teniendo en cuenta tus aptitudes, puedes pensar en las siguientes actividades profesionales:

- ingeniero automovilístico;
- ingeniero/a de tráfico;
- conductor/a;
- agente de tránsito.

5 Me suena como música...

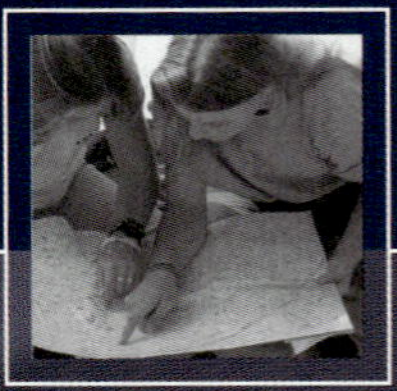
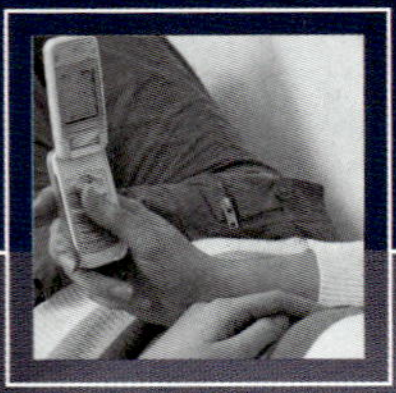

VAS A APRENDER A:

- reconocer a algunos cantantes famosos;
- expresar distintas perspectivas sobre eventos ocurridos en el pasado;
- expresar hechos iniciados y concluidos en el pasado o en el presente;
- comentar algunos géneros musicales.

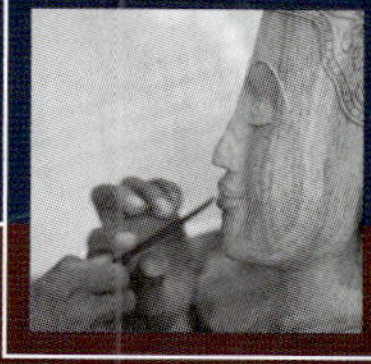

PRECALENTAMIENTO

¿Te gusta la música? ¿Por qué?

¿Conoces ritmos e instrumentos musicales de otros países? ¿Cuáles?

¿Sabes tocar algún instrumento musical? ¿Cuál?

Mú.si.ca [músika] s/f **1.** Ordenación armoniosa de sonidos según ciertas leyes. **2.** Arte de componer tales sonidos. **3.** Teoría de ese arte. **4.** Conjunto de objetos en que se escribe o graba música. **5.** Grupo de músicos que tocan juntos: *La música del regimiento.* **6.** Con ironía, ruido desagradable: *¡Vaya música que tiene el niño esta tarde!: no para de llorar.* [...]

Gran Diccionario de la Lengua Española. Madrid: Sgel, 1992. p. 1343.

INTRODUCCIÓN

En parejas, contesten oralmente las preguntas que vienen a continuación.

a ¿Qué ritmos musicales aprecian?

b ¿Les gusta ir a conciertos de música? ¿Cuál ha sido el que más les ha gustado?

c ¿Saben bailar? ¿Qué tipo de música les gusta para bailar?

PRESENTACIÓN

1 Lee el texto sobre el cantautor y guitarrista colombiano Juanes.

Juanes

[...] Juanes está en todas partes para llevar su música y su solidaridad, para contagiar nuestros cuerpos con su ritmo y nuestras mentes con su mensaje de paz.

Punto de partida

Su verdadero nombre es Juan Esteban Vázquez, y ya desde pequeño lo llamaban Juanes. Es de Medellín, una importante ciudad de Colombia. [...] Como a muchos jóvenes de su edad, a los 15 años le gustaban la música *rock* y el *heavy metal*. **Formó** parte de la banda de *heavy metal* Ekhymosis durante varios años, cosechando un gran éxito en su país. Pero un día decidió cambiar su rumbo y, en el año 2000, empezó su carrera como solista. [...]

Solidaridad y "Paz sin Fronteras"

La casa de Juanes está llena de premios, no solo por la calidad de su música, sino por el mensaje que lleva consigo. Canta al amor, al desamor, a la vida, a la familia, a la paz y quiere concienciar a la gente sobre los desastres de la guerra. Fue el primer cantante en exhibirse ante el Parlamento Europeo, consiguiendo una gran ayuda financiera para las víctimas de las minas antipersona en Colombia. Ha creado la fundación "Mi Sangre" para poder reintegrar en la sociedad a quienes, a causa de las minas, han quedado discapacitados.

El 16 de marzo de 2008 organizó un megaconcierto gratuito en la frontera entre Colombia y Venezuela, con el lema "Paz sin Fronteras". Surgió para enviar un mensaje de paz a los gobiernos de Colombia, Venezuela y Ecuador, ya que en aquel momento estos países **vivían** una grave crisis diplomática. En este concierto participaron Alejandro Sanz, Juan Fernando Velasco, Carlos Vives, Juan Luis Guerra, Miguel Bosé y Ricardo Montaner. Fue un éxito en el que "**hemos mostrado** que somos hermanos y que rechazamos todo tipo de violencia para levantar una sola bandera, la de la paz", dijo Juanes.

Revista *Muchachos*, n.° 1, año XXIV, ag., sept. y oct. 2008. p. 4-5.

Los cantantes Miguel Bosé, Juan Luis Guerra, Juanes y Carlos Vives.

heavy metal ■ tipo de música *rock*.

cosechar ■ ganar, lograr.

mina antipersona ■ mina terrestre utilizada en las guerras para incapacitar a sus víctimas.

discapacitado ■ persona con funcionamiento físico o mental deficitario, manifestado desde la infancia o en función de algún trauma.

rechazar ■ oponerse a.

2 Contesta las preguntas que siguen relativas al texto sobre Juanes.

a Además de su trabajo como músico, ¿qué otro aspecto de la carrera de Juanes lo hace conocido internacionalmente? ¿Por qué?

____

b ¿Con qué fin fue creada la fundación "Mi Sangre"?

____

c ¿Cuál fue el objetivo del concierto "Paz sin Fronteras"?

____

d ¿Qué te parece ese tipo de evento? ¿Crees en su poder de sensibilizar a las personas?

____

e ¿Conoces a algún músico o artista brasileño que también esté involucrado en causas sociales? ¿Quién(es) y qué trabajo desarrolla(n)?

____

3 Vuelve al texto de la actividad 1 y observa los verbos en negrita. Luego, contesta las siguientes preguntas.

a ¿En las tres frases, cuál es la semejanza con respecto al tiempo verbal de los verbos en negrita?

____

b ¿Y cuál es la diferencia?

____

____

Los Pretéritos Imperfecto, Perfecto Simple y Perfecto Compuesto de Indicativo

Recuerda:

Pretérito Imperfecto de Indicativo	Pretérito Perfecto Simple de Indicativo	Pretérito Perfecto Compuesto de Indicativo
Expresa una acción pasada que se repitió durante algún tiempo y formó una serie de acciones iguales o generó un hábito. Se usa también para describir el pasado (por ejemplo: narrar sueños o crear situaciones ficticias).	Expresa una acción pasada y terminada, realizada en un período de tiempo cerrado, que no guarda relación con el presente del que enuncia la acción.	Expresa una acción realizada en un período de tiempo que todavía guarda relación con el presente del que enuncia la acción.
Ejemplos: Cuando **era** niña, **escuchaba** las canciones que me **cantaba** mi mamá antes de dormir. En mi sueño, **estábamos** en el concierto, de pronto **llegaban** más personas y...	**Ejemplos:** El año pasado **estuve** en un concierto de música pop. ¡**Fue** increíble!	**Ejemplos:** Este mes **he ganado** un compacto de mi cantante favorito. Ya lo **he escuchado** muchas veces y **he escrito** algunas de las letras en mi cuaderno.

Muchas veces se utilizan algunos marcadores temporales que identifican el momento del habla con los siguientes tiempos verbales:

Marcadores temporales comúnmente utilizados con:	
Pretérito Perfecto Simple de Indicativo	Pretérito Perfecto Compuesto de Indicativo
▶ ayer, anoche, anteayer; ▶ la semana pasada, el mes/año pasado, etc.; ▶ en (2007, enero, febrero...).	▶ hoy; ▶ esta/este (mes, año, semana, etc.); ▶ ya; ▶ nunca.

¡APRENDE!

En algunas regiones, sin embargo, los marcadores no están tan relacionados al tiempo verbal utilizado. En partes de Hispanoamérica, por ejemplo, incluso con marcadores como "hoy", "esta semana" y "este año" es muy usual el Pretérito Perfecto Simple de Indicativo.

Recuerda cómo se forma el **Pretérito Perfecto Compuesto de Indicativo**:

Ejemplo: Esta semana **hemos escuchado** una canción de Juanes en la clase de español.

- "hemos" = Presente de Indicativo del verbo auxiliar "haber".
- "escuchado" = participio del verbo principal "escuchar".

Ejemplo: Este mes **he ganado** un compacto y **he escrito** algunas de las letras de las canciones en mi cuaderno.

- "ganar"/"ganado" = participio regular.
- "escribir"/"escrito" = participio irregular.

¡APRENDE!

Con el Pretérito Perfecto Compuesto de Indicativo los pronombres (si los hay) deben anteceder el verbo auxiliar.

Ejemplo: Me he despertado tarde hoy... Es que ayer me quedé a ver el programa de *hip hop* hasta muy tarde.

4 ¿Sabes qué es el Grammy Latino? Para conocer más sobre este premio, ordena las frases y conjuga el verbo en el pretérito adecuado.

a el / ya / Juanes / 17 veces / GANAR / Grammy Latino

____

b el / SURGIR / Grammy Latino / y / año 2000 / hoy / premio / un / prestigioso / es / en la / latina / considerado / música / el

____

c SER / Grammy Latino / muchos artistas / su primera / con el / premiados / desde / en Los Ángeles (EE. UU.), / hispanoamericanos / edición

____

d las ceremonias / Grammy Latino / VER / juntas, / VIVIR / de premiación / mi madre y yo / del / cuando

____

5 Completa las frases que siguen sobre la vida de los artistas que aparecen en el texto de la actividad 1. Utiliza los siguientes verbos en Pretérito Imperfecto de Indicativo.

hacer	tocar	trabajar	presentarse	vivir

a Durante su juventud, el colombiano Juanes ______________________ en un grupo de *heavy metal*, el Ekhymosis.

b Durante los años 80, el cantante español Alejandro Sanz ______________________ con el nombre de Alejandro Magno.

c Juan Fernando Velasco ______________________ el cuarto semestre de la carrera de Económicas cuando ingresó al grupo Tercer Mundo.

d Mientras ______________________ en Puerto Rico y ______________________ como actor, Carlos Vives dio un descanso a su carrera de cantor.

6 Lee las frases y marca aquellas en que se utilizó un verbo en Pretérito Perfecto Compuesto de Indicativo cuyo participio es irregular. Luego, escribe el infinitivo correspondiente.

a ( ) Esta semana hemos aprendido algo del tango argentino. ______________

b ( ) He hecho un trabajo sobre la salsa, un ritmo caribeño. ______________

c ( ) Este aparato de sonido no funciona: se ha roto esta mañana. ______________

d ( ) Darío ha tenido que salir temprano para comprar las entradas del concierto de *rock*. ______________

e ( ) ¿Le has dicho a tu hermana que no se olvide de traer aquel libro que trata de música? ______________

7 Reescribe las frases y conjuga el verbo en Pretérito Perfecto Simple de Indicativo o en Pretérito Perfecto Compuesto de Indicativo, según el caso.

a Ayer Julia y Pedro / IR / a un concierto de Fito Páez en Montevideo.

____

b Yo nunca / ESTAR / en un megaconcierto de *rock*.

____

c —Carmen, ¿ / ESTUDIAR / Matemáticas hoy?
—No, mamá. / ESTUDIAR / ayer.

____

____

d El cantante uruguayo Jorge Drexler / NACER / en 1964.

____

e Esta semana / COMENZAR / un festival de música folclórica.

____

f ¿Vosotros / VER / un espectáculo de danza clásica el mes pasado?

____

8 Observa el cuadro *Los músicos* (1979), del pintor y escultor colombiano Fernando Botero, y escribe el nombre de cada instrumento musical. Las palabras del recuadro te ayudarán, pero no las utilizarás todas.

( ) batería ( ) castañuela ( ) clarinete ( ) contrabajo ( ) fagot ( ) flauta dulce
( ) flauta travesera ( ) guitarra ( ) guitarra eléctrica ( ) laúd ( ) pandereta ( ) piano
( ) saxofón ( ) tuba ( ) violín ( ) violonchelo

a ____________________
b ____________________
c ____________________
d ____________________
e ____________________
f ____________________
g ____________________
h ____________________
i ____________________

9 Vuelve al recuadro de la actividad anterior y señala si los instrumentos son de cuerda (C), percusión (P) o viento (V).

10 En parejas, discutan y contesten oralmente las preguntas.

a ¿Cuál(es) de los instrumentos del recuadro de la actividad 8 les gusta(n) más? ¿Cuál(es) no les gusta(n)? ¿Por qué?

b ¿Saben tocar algún(unos) de los instrumentos que aparecen en el cuadro de Botero? ¿Cuál(es)? Si no, ¿les gustaría aprender?

c ¿Qué tipo de música imaginan que están tocando los músicos del cuadro? ¿Por qué?

11 La Universidad de Sevilla preguntó a sus profesores qué tipo de música normalmente escuchan y el resultado se presentó en forma de gráfico. Obsérvalo y contesta las preguntas que vienen a continuación.

La costumbre española de escuchar música según el sexo

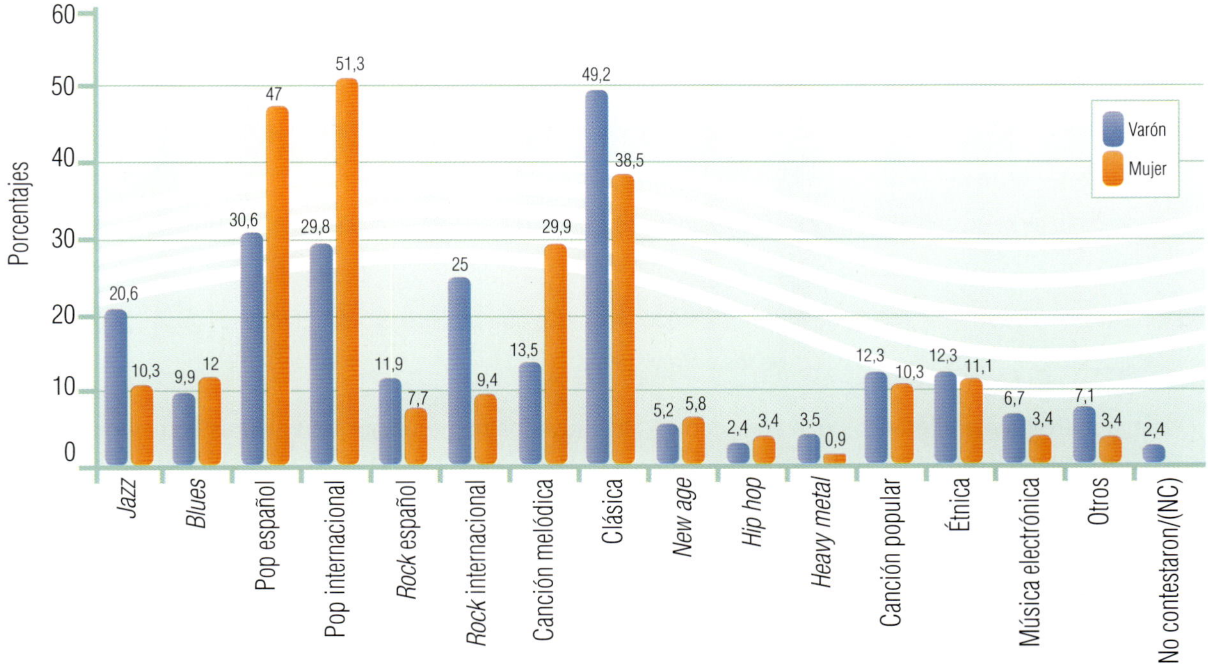

Disponible en <www.profesoresandaluces.es>.

a ¿Qué significan las barras en azul y en naranja en el gráfico?

____

b ¿Qué datos están representados en la línea horizontal del gráfico? ¿Y en la vertical?

____

c ¿Cuál es el efecto de haber presentado los resultados de la investigación en forma de gráfico?

____

12 Ahora, júntense en tríos, lean las siguientes conclusiones obtenidas al analizar el gráfico de la actividad anterior y coméntenlas con los demás compañeros.

- A más de la mitad de las mujeres les gusta escuchar pop internacional.
- A casi un tercio de los hombres les gusta escuchar pop español.
- A aproximadamente un décimo de las mujeres les gusta escuchar *jazz*.

Los números fraccionarios (o partitivos)

Indican las fracciones o partes iguales en que se divide un todo. Son: medio (mitad), tercio, cuarto, quinto, sexto, séptimo, octavo, noveno, décimo. También se puede decir: tercera parte, cuarta parte, etc.

Ejemplo: Casi la **mitad** de mis compactos es/son de canciones en español.

Después de "décimo" se añade la terminación "–avo(a)" al número cardinal correspondiente.

Ejemplo: Me toca la **doceava** parte de la herencia.

13 **Completa las frases con los números fraccionarios que te damos. Atención al contexto de uso.**

un onceavo	dos tercios	cinco sextos	la mitad

a Los alumnos de violín tenían ocho ejercicios de práctica, pero han hecho solamente cuatro. Eso significa que han hecho ______________ de los ejercicios.

b Ya hemos vendido treinta de las treinta y seis castañuelas que había en la tienda. Eso significa que hemos vendido ______________ de las castañuelas.

c La maestra tenía un paquete con veintidós caramelos, por eso le dio dos a cada uno de sus alumnos. Cada alumno recibió ______________ de los caramelos.

d Un sesenta y cuatro por ciento de los entrevistados ha dicho que prefiere el *rock*. El *rock* les gusta, por lo tanto, a casi ______________ de los entrevistados.

14 **Observa nuevamente el gráfico de la actividad 11. Sustituye los números por las palabras correspondientes a cada fraccionario y reescribe las frases.**

a A más de $\frac{1}{4}$ de las mujeres les gusta el pop español.

____

b A más de $\frac{1}{3}$ de las mujeres les gusta la música clásica.

____

c A casi $\frac{8}{10}$ de los españoles les gusta el pop nacional.

____

d A poco más de $\frac{1}{5}$ de los hombres les gusta el *jazz*.

____

15 ¿A qué ritmos musicales del gráfico de la página anterior corresponden estas definiciones?

a Música meditativa con sonidos típicos de la naturaleza.

____

b Música creada o modificada a través del uso de equipos e instrumentos electrónicos, tales como sintetizadores, grabadores digitales, computadoras o *softwares* de composición.

____

c Tipo de recitación de rimas y juegos de palabras surgido a mediados del siglo XX en EE. UU.

____

16 En tríos, hagan una encuesta semejante a la de la actividad 11 y descubran cuáles son los ritmos preferidos de los demás compañeros. Pueden añadir otros ritmos, si quieren. Presenten los resultados en un gráfico como el que vieron en aquella actividad.

PRÁCTICA

1 Lee el texto a continuación sobre el cantautor uruguayo Jorge Drexler.

Drexler en conferencia de prensa.

JORGE DREXLER:

"Tengo la introspección de un tango"

[...]

"Escribir es un proceso muy esquizofrénico"

Jorge Drexler habla con la misma dulzura y magnetismo con los que canta, con todas las palabras en su sitio como si siempre estuviera recitando un poema. Algo que parece tan natural en él, que cuesta creer lo difícil que le resulta escribir. "Es un proceso muy esquizofrénico, muy maníaco-depresivo. Un día estás eufórico, el otro estás cansado, y en otro no encuentras nada y estás obsesionado con los obstáculos. Es un proceso que no me gusta, me da mucha ansiedad. Por eso suelo encerrarme dos a tres semanas a la espera de que vengan las canciones. Son ellas las que mandan y son muy caprichosas". [...]

"Estoy buscando mi lado más de intérprete. Uno encuentra su voz cantando las canciones ajenas, aprendes más cosas de tu estilo. Por ejemplo, el brasileño João Gilberto es, más que nada, un intérprete increíble".

Las referencias y aproximaciones a la música brasileña son una constante en Drexler. Admirador confeso de Chico Buarque, ha colaborado con Arnaldo Antunes, Paulinho Moska y Maria Rita entre otros artistas reconocidos del país. "Es una influencia muy significativa en mi formación. Uruguay está muy cerca de Brasil y yo hablo portugués solo de cantarlo y de viajar por Brasil". Con ellos, al menos con algunos, comparte también la nostalgia: "La melancolía de Caetano Veloso es endógena, no puede curarse. 'Lágrima clara en piel oscura', como él mismo canta. Y yo comparto esa nostalgia de los gauchos y los baianos. Vengo de una ciudad tímida e introvertida (Montevideo), y tengo la reflexión y la introspección de un tango y una milonga."

esquizofrénico ▪ que tiene esquizofrenia, una enfermedad mental que puede provocar delirios y alucinaciones.

endógena ▪ que se origina o nace en el interior, en virtud de causas internas.

milonga ▪ género musical argentino semejante al tango.

Disponible en <www.elmundo.es/elmundo.es>.

2 Lee las siguientes frases sobre el texto anterior y corrige las que estén equivocadas.

a Para el cantautor el proceso de creación es una actividad tranquila.

___

b La ventaja de interpretar canciones de otros compositores es la posibilidad de aprender más sobre su propio estilo.

___

c El artista uruguayo admira y ya ha trabajado con artistas brasileños como Chico Buarque y Caetano Veloso.

___

d Drexler considera la cercanía con Brasil uno de los motivos de haber recibido la influencia de nuestros artistas.

___

3 Ahora escucha una canción compuesta por Jorge Drexler y que fue interpretada por la cantante brasileña Maria Rita. Completa los espacios con las palabras que faltan y contesta oralmente las preguntas.

12

Mal intento

(Jorge Drexler)

Estribillo 1 (2x)

Mi canto no es más que un mal **intento**
de ______________ un instante
de mi pensamiento

______________ los meses
como ______________ el rumor de un río
______________ las estaciones
y no se me ______________ el frío
Sigo ______________
encontrar una manera
de ______________ a esta casa
en la que nadie me ______________

Estribillo 2

Si dejaras entrar un rayo de luz
y sintieras tan solo una vez
lo que yo ______________
sabrías que

[Estribillo 1]

Y ______________ por unos meses
dos ingredientes de una receta
______________ dos flores distintas
en una misma **maceta**
Y todo ______________ su tiempo
tanto lo dulce como lo amargo
No ______________ pena ni gloria
que un día no pase de largo

[Estribillo 2]

[Estribillo 1]

intento ■ propósito, intención.

maceta ■ recipiente de barro, con un agujero en la parte inferior, utilizado para criar plantas.

Letra de la canción disponible en: RITA, Maria. Disco *Segundo*, Warner, 2005. Pista 4.

a ¿Cuál es la motivación de la canción?

b ¿A quién crees que se dirige?

c La canción menciona una situación anterior a la separación. ¿Qué versos representan el momento de la unión? ¿Cuánto tiempo duró?

4 Jorge Drexler es un cantante que nació en Uruguay. Juanes, a su vez, nació en Colombia. Observa a continuación la relación de algunos países y sus respectivos gentilicios.

País	Gentilicio
Brasil	brasileño(a)
Costa Rica	costarricense
Dinamarca	danés/danesa
El Salvador	salvadoreño(a)
Estados Unidos	estadounidense
Grecia	griego(a)

País	Gentilicio
Guatemala	guatemalteco(a)
Inglaterra	inglés/inglesa
Israel	israelí
Polonia	polaco(a)
Puerto Rico	puertorriqueño(a)
Venezuela	venezolano(a)

5 Completa las frases con los gentilicios correspondientes de acuerdo con las tablas de la actividad 4.

a Carmen nació en El Salvador, por lo tanto es ________________.

b Marcos viene de Costa Rica. Sus hermanos también son ________________.

c Vivo en España, pero nací en Puerto Rico, por lo tanto soy ________________.

La "ch" y la "x"

6 Escucha y repite las palabras que siguen. Fíjate en la pronunciación.

13

ESPAÑOL	PORTUGUÉS
cha**ch**a**ch**á	***ch**a**ch**a**ch**á*
violon**ch**elo	*violon**c**elo*
chacarera	***ch**acarera*
charanga	***ch**aranga*

La "ch" española se pronuncia de forma semejante a la "tch" de la palabra "*tchau*" del portugués.

7 Ahora escucha y repite las siguientes palabras:

14

ESPAÑOL	PORTUGUÉS
se**x**to	*se**x**to*
e**x**presar	*e**x**pressar*
e**x**traordinario	*e**x**traordinário*
te**x**to	*te**x**to*
sa**x**ofón	*sa**x**ofone*

Como ya viste anteriormente, la "x" española entre vocales se pronuncia, muchas veces, como "ks".

La "ch"

Ejemplo: Esta no**ch**e voy a ir a un concierto de violon**ch**elo en el Teatro Municipal.

¡APRENDE!

La "ch" no es una letra, sino un dígrafo. Las palabras escritas con ella están agrupadas en el diccionario en las entradas de la letra "c". Por ejemplo las palabras "chachachá", "castañuela", "cuidado", "cebolla", "concierto" y "chileno" vendrán ordenadas de la siguiente manera: "castañuela", "cebolla", "chachachá", "chileno", "concierto", "cuidado".

8 Busca en un diccionario bilingüe o en el glosario las siguientes palabras y escribe su forma correspondiente en español.

a *Chorar*: ____________ d *Oito*: ____________

b *Chave*: ____________ e *Cheio*: ____________

c *Tchau*: ____________ f *Jaqueta*: ____________

9 Consulta las respuestas de la actividad anterior y pregunta a un compañero: ¿las palabras que se escriben con "ch", "j" y "t" en portugués conservan estas letras en español? Si no, ¿qué otras formas asumen?

____

____

10 ¡Ahora tú eres una personalidad del mundo de la música! Elige un nombre artístico, una nacionalidad, una fecha de nacimiento y cuenta la historia de tu vida a un compañero, que será tu entrevistador. Luego, cambien los papeles.

11 Imagina que eres un periodista de la radio de tu ciudad y tienes que hacer un reportaje sobre el concierto de un(a) artista conocido(a) que ha organizado un concierto en favor de una causa que le parece importante. Elabora una noticia en la que aparezcan:

- el nombre del artista organizador del concierto y de los demás participantes;
- el motivo del evento (fin de la violencia, problemas diplomáticos entre gobiernos, defensa del medioambiente, etc.);
- el lugar donde se ha realizado;
- la cantidad de personas que han asistido al concierto.

MERCADO LABORAL

Sobre lo que viste respecto a la música y teniendo en cuenta tus aptitudes, puedes pensar en las siguientes actividades profesionales:

- cantante;
- instrumentista;
- arreglista;
- compositor/a.

6 ¿Qué haces?

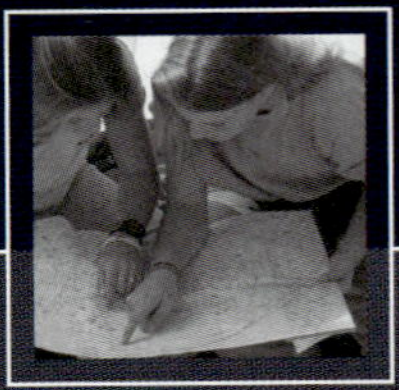
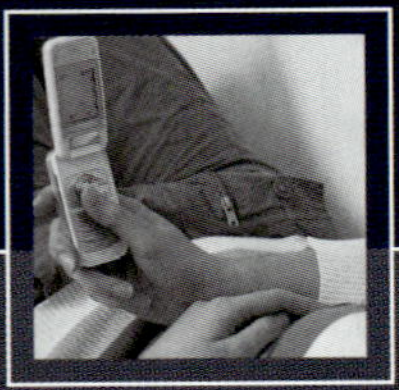

VAS A APRENDER A:

- preguntar a qué se dedica una persona y contestar con la profesión correspondiente;
- relacionar las actividades profesionales con los ambientes en los que suelen desarrollarse;
- identificar algunas profesiones y sus características.

PRECALENTAMIENTO

¿Sabes la diferencia entre el sistema laboral formal y el informal?

En nuestro país, ¿crees que la mayoría de las personas consigue trabajo formal?

¿Conoces a muchas personas que estén desempleadas?

Profesión. s.f. **1.** Actividad en la que una persona trabaja a cambio de un salario. **2.** Ingreso en una orden religiosa haciendo los votos correspondientes. **3.** Manifestación o aceptación voluntaria de una creencia: *profesión de fe.*

Diccionario Electrónico Clave.
Disponible en <http://clave.librosvivos.net>.

INTRODUCCIÓN

Lee estas informaciones sobre el Convenio n.º 138 de la Organización Internacional del Trabajo relativa a la edad mínima laboral y contesta oralmente a tu compañero las preguntas que siguen.

- [...] En circunstancias normales, la edad será de 15 años, pero esta edad nunca será menor que la edad de escolarización obligatoria.
- En el caso de países donde la economía y las infraestructuras educativas no estén suficientemente desarrolladas, será de 14 años.

Disponible en <www.ilo.org>. (Adaptado).

a Si tenemos en cuenta que en nuestro país la enseñanza es obligatoria de los 7 a los 14 años, ¿cuál es la edad mínima para el trabajo en Brasil?

b ¿Consideras que esa es una edad apropiada para ingresar al mercado laboral? ¿Por qué?

PRESENTACIÓN

1 ¿Conoces a alguien que haya empezado a trabajar muy temprano? ¿Esa persona siguió sus estudios o tuvo que abandonarlos? Lee el fragmento del relato de un taxista hecho a la cronista del periódico español *El País*, Elvira Lindo, durante el trayecto.

OPINIÓN

La vida es un trayecto

Elvira Lindo
18/5/2008

Llegué a Nueva York un mes de febrero. Tenía 15 años, vine solo, no conocía a nadie y solo llevaba una cazadora. Imagínese el frío que hace en esta ciudad en febrero. **Me eché a trabajar** en lo que fuera, en las vías del metro empecé. Trabajé 20 horas al día, pero no me importaba, porque el mundo que yo había dejado atrás era mucho peor. [...] A los seis años **me puse a trabajar** porque no teníamos padre y mi madre nos abandonó a mi hermanito y a mí para irse con otro hombre. Mi hermanito era dos años menor que yo. Por las noches dormíamos abrazados y yo le acariciaba la cabeza y le decía: "No llores, hermano, que todo irá bien". Yo no lloraba delante de él, ¿sabe?, porque me sentía como su padre [...]. Cuando me vine, mi hermano se quedó en México con una tía [...]. A los dos años llegó él, en otro invierno, igual de poco abrigado. Él lo tuvo muy claro desde el principio: trabajó 20 horas al día, como un animal; hizo dinero, volvió a México y se compró un camión. Yo, en cambio, me lie, me casé, he tenido hijos... Mis hijos son los únicos que me quitan un poco esta frialdad de corazón que me ha quedado. Mi mujer se queja muchas veces. [...] Si tuviera dinero, iría a un psicólogo, pero como no puedo, estoy condenado a ser como soy. [...]

Periódico *El País*, 18 mayo 2008, suplemento Domingo.

2 **Basándote en la crónica leída, contesta las preguntas que siguen.**

a Respecto al lenguaje del texto, ¿se puede decir que la narrativa es impersonal y objetiva o personal y subjetiva? ¿Por qué?

____

b Con base en la respuesta del ítem anterior, ¿la narrativa presenta características de un texto periodístico o literario?

____

c El narrador del texto dice tener una "frialdad de corazón". ¿A qué crees que se debe ese sentimiento?

____

d En su primer empleo en EE. UU., ¿el narrador podía dedicarse a otras actividades en su tiempo libre? ¿Por qué?

____

e ¿Qué profesional le gustaría buscar si tuviera dinero? ¿Cómo definirías su trabajo?

____

3 **En el texto de la actividad 1, aparecen algunas expresiones en relieve que reproducimos a continuación. ¿Cuál de las frases que las siguen expresan el mismo sentido?**

a "**Me eché a trabajar** en lo que fuera...".

( ) Dejé de trabajar en lo que fuera...

( ) Empecé a trabajar en cualquier cosa...

b "A los seis años **me puse a trabajar**...".

( ) A los seis años empecé a trabajar...

( ) Cuando tenía seis años dejé de trabajar...

Las perífrasis verbales

Como viste en la unidad 2, cuando se unen un verbo auxiliar y un verbo principal, tenemos una estructura llamada **perífrasis verbal**.

Fase inicial

Las que aparecieron en el texto "La vida es un trayecto" expresan el momento en que tiene inicio una acción o situación:

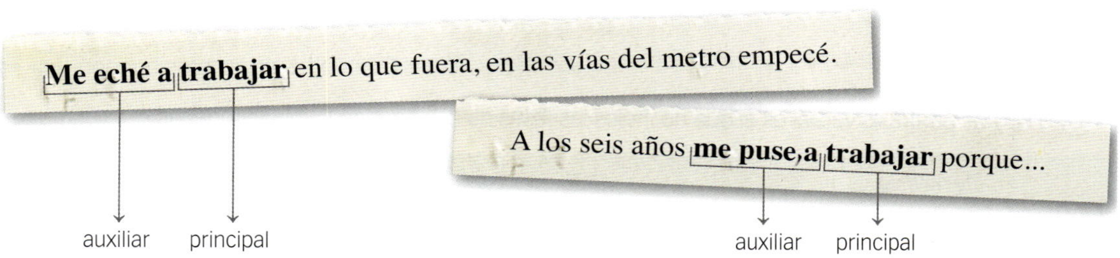

Otras perífrasis que indican esta fase inicial de una acción o situación son:

Perífrasis	Qué expresa	Ejemplo
Empezar a/Comenzar a + infinitivo	Expresar el inicio de una acción.	**Empecé a trabajar** a los 19 años de edad.
Romper a + infinitivo	Expresa el inicio repentino de una acción. Se suele usar con los verbos "llorar" y "hablar".	Cuando le contaron que habían echado a su compañero **rompió a hablar** y ya no paró.

7 Lee este texto sobre la adicción al trabajo, uno de los males de la vida moderna. Luego, marca si son verdaderas (V) o falsas (F) las afirmaciones que vienen a continuación, y corrige las equivocaciones.

La adicción al trabajo no beneficia a nadie

El 8% de la población activa española dedica más de 12 horas al día a su profesión para huir de sus problemas personales

Borja Vilaseca 28/1/2007

Hay personas que creen que el trabajo es **lo** más importante. Que todo **lo** demás es secundario, incluso su propia familia. Pero se equivocan. Los expertos en psicología laboral señalan que los llamados *workaholics* "son víctimas de su propia percepción de la realidad, que se retroalimenta a través de su inconsciente adicción al trabajo". Ahora mismo, el 8% de la población activa española dedica más de 12 horas al día a su profesión para huir de sus problemas personales, según un informe de la Organización Internacional del Trabajo (OIT). Muchos de ellos acaban sufriendo un infarto. [...]

Entre los síntomas que acompañan a los llamados *workaholics* destaca, en primer lugar, que la ocupación profesional es **lo** que más les importa. De hecho, en los casos más extremos, es **lo** único que aparentemente les satisface en sus vidas. La familia, los amigos y el deporte son secundarios e incluso terciarios. [...]

Disponible en <www.elpais.com>.

a ( ) *Workaholic* es una persona adicta al trabajo; lo único que le satisface es la profesión.

____

b ( ) Los expertos en psicología consideran que los *workaholics* son profesionales que desarrollan una buena percepción de la necesidad de dedicarse al trabajo.

____

c ( ) Actualmente se sabe que la gran mayoría de los españoles que dedican más de 12 horas del día a la profesión lo hacen para evitar los problemas personales.

____

d ( ) Las relaciones familiares reciben poca atención de las personas adictas al trabajo.

____

8 Vuelve al texto de la actividad anterior y busca las expresiones que corresponden a los significados que aparecen a continuación.

a Todas las cosas son secundarias: _______________

b La única actividad que aparentemente les satisface en sus vidas: _______________

Ahora contesta: ¿qué tienen en común las respuestas anteriores?

____

2 Basándote en la crónica leída, contesta las preguntas que siguen.

a Respecto al lenguaje del texto, ¿se puede decir que la narrativa es impersonal y objetiva o personal y subjetiva? ¿Por qué?

___

b Con base en la respuesta del ítem anterior, ¿la narrativa presenta características de un texto periodístico o literario?

___

c El narrador del texto dice tener una "frialdad de corazón". ¿A qué crees que se debe ese sentimiento?

___

d En su primer empleo en EE. UU., ¿el narrador podía dedicarse a otras actividades en su tiempo libre? ¿Por qué?

___

e ¿Qué profesional le gustaría buscar si tuviera dinero? ¿Cómo definirías su trabajo?

___

3 En el texto de la actividad 1, aparecen algunas expresiones en relieve que reproducimos a continuación. ¿Cuál de las frases que las siguen expresan el mismo sentido?

a "**Me eché a trabajar** en lo que fuera...".

( ) Dejé de trabajar en lo que fuera...

( ) Empecé a trabajar en cualquier cosa...

b "A los seis años **me puse a trabajar**...".

( ) A los seis años empecé a trabajar...

( ) Cuando tenía seis años dejé de trabajar...

Las perífrasis verbales

Como viste en la unidad 2, cuando se unen un verbo auxiliar y un verbo principal, tenemos una estructura llamada **perífrasis verbal**.

Fase inicial

Las que aparecieron en el texto "La vida es un trayecto" expresan el momento en que tiene inicio una acción o situación:

Me eché a **trabajar** en lo que fuera, en las vías del metro empecé.

(Me eché a → auxiliar; trabajar → principal)

A los seis años **me puse a** **trabajar** porque...

(me puse a → auxiliar; trabajar → principal)

Otras perífrasis que indican esta fase inicial de una acción o situación son:

Perífrasis	Qué expresa	Ejemplo
Empezar a/Comenzar a + infinitivo	Expresar el inicio de una acción.	**Empecé a trabajar** a los 19 años de edad.
Romper a + infinitivo	Expresa el inicio repentino de una acción. Se suele usar con los verbos "llorar" y "hablar".	Cuando le contaron que habían echado a su compañero **rompió a hablar** y ya no paró.

Fase intermedia

Para expresar la fase intermedia de una acción, su proceso o duración, además de "estar + gerundio", que viste en la unidad 2, se puede usar:

Perífrasis	Qué expresa	Ejemplo
Andar + gerundio	Expresa la repetición de una acción.	**Andan ofreciendo** muchas plazas para ese tipo de trabajo.
Llevar + gerundio	En general expresa el tiempo que dura una acción o un proceso.	**Llevo** cuatro años **preparándome** para ese concurso.
Seguir + gerundio	Expresa la continuidad de una acción.	**Sigo estudiando** español con la misma profesora.

Fase final

Para marcar la fase final de una acción, se puede utilizar:

Perífrasis	Qué expresa	Ejemplo
Acabar de + infinitivo	Expresa el final de una acción que ocurrió justo antes del momento del habla.	Julio **acaba de llamarme** para decir que se matriculó en el curso de informática.
Dejar de + infinitivo	Expresa la interrupción de una acción.	Mis padres aun trabajando, nunca **dejaron de estudiar**.
Acabar/Terminar por + infinitivo/gerundio	Expresa el final de un proceso que se alcanza por haber insistido en él.	Tras tanto estudiar, **acabó/terminó por ingresar/ingresando** a la empresa que quería.

Obligatoriedad

Otro tipo de perífrasis verbal es el que no indica las fases de acción, sino su obligatoriedad:

Perífrasis	Qué expresa	Ejemplo
Deber + infinitivo	Expresa obligaciones o necesidades propias a individuos específicos.	**Debes dedicarte** más si quieres aprobar el examen.
Tener que + infinitivo	Expresa obligaciones o necesidades propias a individuos específicos.	**Tienes que dedicarte** más si quieres aprobar en el examen.
Haber que + infinitivo	Expresa una obligación atribuida a individuos no especificados, de ahí el uso del verbo "haber" en su forma impersonal.	**Hay que buscar** un trabajo acorde con sus habilidades.

4 Utiliza las perífrasis para reemplazar las expresiones en relieve. Haz los cambios que sean necesarios.

Ejemplo: **Inicié mis estudios** en Secundaria a los 15 años.
Empecé a estudiar en Secundaria a los 15 años.

a **Ya no trabajo** en aquella escuela porque tuve una propuesta mejor.

____

b **Entró** en aquella empresa como técnico y hoy es gerente.

____

c Mi mamá **ya no trabaja**, se jubiló el año pasado.

____

d Mi papá **siempre se dedicó y todavía se dedica** a las ventas.

____

e Para llegar a un buen puesto, a veces **es necesario ingresar** haciendo prácticas.

____

5 Completa los relatos de algunos profesionales con los verbos auxiliares adecuados para formar las perífrasis.

tuve que	llevó	ando	dejé de (2x)	seguir	empecé a/comencé a	llevaba (2x)	acabó

a _______________ ayudar a mi papá a los 18 años en su comercio. Él tenía una cafetería y le ayudaba como dependiente, atendía a las personas, limpiaba, iba a comprar lo que faltaba. A los 20 años _______________ trabajar como empleado y me hice socio del negocio con el dinero que había ahorrado desde el comienzo.

b Cuando me gradué en Derecho, _______________ hacer prácticas en algunos grandes bufetes para aprender más sobre la profesión. _______________ 20 años trabajando como abogado y solo _______________ defender a las personas cuando aprobé una oposición para juez.

c _______________ enviando currículos a varias oficinas porque deseo ser secretaria bilingüe. Actualmente soy dependienta en una tienda de ropa para jóvenes. Estoy ansiosa por cambiar, pero creo que es mejor _______________ trabajando allí hasta conseguir otra oportunidad.

d Roberto _______________ diez años trabajando como revisor en una editorial. Cuando ya había desistido de alcanzar otro puesto y pensaba en dejar la empresa, le ofrecieron la plaza que deseaba y _______________ dedicándose otra década al trabajo.

6 En parejas, contesten las siguientes preguntas.

a ¿Creen que hoy el ritmo del trabajo es más o menos intenso que en otras épocas? ¿Por qué?

____

____

b ¿Piensan que las personas consiguen equilibrar las horas dedicadas al trabajo y las dedicadas al ocio? ¿Por qué?

____

____

7 Lee este texto sobre la adicción al trabajo, uno de los males de la vida moderna. Luego, marca si son verdaderas (V) o falsas (F) las afirmaciones que vienen a continuación, y corrige las equivocaciones.

La adicción al trabajo no beneficia a nadie

El 8% de la población activa española dedica más de 12 horas al día a su profesión para huir de sus problemas personales

Borja Vilaseca 28/1/2007

Hay personas que creen que el trabajo es **lo** más importante. Que todo **lo** demás es secundario, incluso su propia familia. Pero se equivocan. Los expertos en psicología laboral señalan que los llamados *workaholics* "son víctimas de su propia percepción de la realidad, que se retroalimenta a través de su inconsciente adicción al trabajo". Ahora mismo, el 8% de la población activa española dedica más de 12 horas al día a su profesión para huir de sus problemas personales, según un informe de la Organización Internacional del Trabajo (OIT). Muchos de ellos acaban sufriendo un infarto. [...]

Entre los síntomas que acompañan a los llamados *workaholics* destaca, en primer lugar, que la ocupación profesional es **lo** que más les importa. De hecho, en los casos más extremos, es **lo** único que aparentemente les satisface en sus vidas. La familia, los amigos y el deporte son secundarios e incluso terciarios. [...]

Disponible en <www.elpais.com>.

a ( ) *Workaholic* es una persona adicta al trabajo; lo único que le satisface es la profesión.

____

b ( ) Los expertos en psicología consideran que los *workaholics* son profesionales que desarrollan una buena percepción de la necesidad de dedicarse al trabajo.

____

c ( ) Actualmente se sabe que la gran mayoría de los españoles que dedican más de 12 horas del día a la profesión lo hacen para evitar los problemas personales.

____

d ( ) Las relaciones familiares reciben poca atención de las personas adictas al trabajo.

____

8 Vuelve al texto de la actividad anterior y busca las expresiones que corresponden a los significados que aparecen a continuación.

a Todas las cosas son secundarias: ______________________________

b La única actividad que aparentemente les satisface en sus vidas: ______________________________

Ahora contesta: ¿qué tienen en común las respuestas anteriores?

____

El artículo neutro "lo"

Como viste, las palabras "demás" y "único" pertenecen a la misma clase de palabras, la de los adjetivos, que muchas veces aparecen sustantivados por el artículo neutro "lo".

Lo principal para los *workaholics* es la profesión.	**Lo bueno** del trabajo es el ambiente.
↓	↓
adjetivo = la principal cosa	adjetivo = el lado bueno

¡APRENDE!

En portugués también tenemos la función de artículo neutro, cuya forma coincide con la del artículo determinado masculino "o". En las dos lenguas dicho artículo **no** concuerda en género y número con la palabra a la que acompaña.

ESPAÑOL	PORTUGUÉS
Lo único que me gustaría hacer ahora es descansar.	***O único / A única coisa*** *que eu gostaria de fazer agora é descansar.*
Lo malo de esta escuela es que está lejos.	***O ruim / O lado ruim*** *desta escola é que fica longe.*

9 En el texto que leíste en la actividad 7 aparece también una expresión cuyo sentido es "la cosa de mayor importancia". ¿Cuál es la expresión?

____

El artículo neutro también suele aparecer delante de adverbios y de oraciones introducidas por "que".

Ejemplos: **Lo peor** de trabajar como azafata es no tener rutina.
Lo que me llama la atención es el sueldo de un juez.

También en estos casos en portugués empleamos el artículo con función de neutro.

ESPAÑOL	PORTUGUÉS
Lo más gratificante es ser reconocido por nuestro trabajo.	***O mais gratificante*** *é ser reconhecido pelo nosso trabalho.*
Lo que me molesta son los días sin descanso.	***O que*** *me incomoda são os dias sem descanso.*

10 Reescribe las frases y utiliza el artículo "lo".

a El lado ventajoso de trabajar aquí son las amistades.

____

b La parte que más me agrada de mi profesión es el contacto con la gente.

____

c El lado bueno de trabajar en casa es no perder tiempo en el tráfico.

____

d La cosa más difícil de la adolescencia es elegir una profesión.

____

11 Lee este fragmento de una entrevista a Quino, historietista argentino que creó al conocido personaje Mafalda. Luego señala las frases de sentido equivalente a las propuestas a continuación.

Entrevista a Quino

—[...] ¿Cómo eran sus padres? ¿Tenían que ver con el humorismo?

—Mi padre trabajaba en el bazar de una tienda, era ocurrente, pero de poquísimo hablar. Mi madre era ama de casa, andaluza, regordeta, simpática, muy simpática [...]. Ninguno de los dos tenía que ver con mi vocación, salvo un tío, Joaquín Tejón, que es pintor, dibujante publicitario. Yo me acercaba mucho a su mesa de trabajo [...].

QUINO. *10 Años con Mafalda*. 20.ª edición. Buenos Aires: Ediciones de la Flor, 2006. p. 6. (Adaptado).

ocurrente ■ persona que tiene ideas originales e inesperadas.

a La frase "tenían que ver con el humorismo" podría sustituirse por:
( ) Tenían revistas de humor en casa.
( ) Se dedicaban también al humorismo.

b En lugar de decir "mi madre era ama de casa", podríamos decir:
( ) Mi madre amaba quedarse en casa.
( ) Mi madre se ocupaba de las tareas domésticas.

c La frase "un tío [...] que es pintor, dibujante publicitario" se puede reemplazar por:
( ) Un tío que hace pinturas y dibujos de publicidad.
( ) Un tío que pinta casas y dibuja tiendas.

12 Ahora vuelve a la actividad anterior y busca al menos tres verbos que se utilizan para expresar la profesión.

____

13 Pregunta oralmente a un compañero cuál es la profesión de sus padres y parientes más cercanos utilizando los verbos de la actividad anterior.

PRÁCTICA

1 Escucha una encuesta hecha en un colegio de Secundaria en Ecuador sobre las intenciones profesionales de algunas chicas que cursan el último grado. Luego, completa las siguientes frases con las informaciones de la grabación. (15)

a Las tres primeras chicas quieren ser, respectivamente, ______________, ______________ e ______________.

b Una de las ideas equivocadas que se tiene es que las mujeres no tienen aptitud para las Matemáticas, por eso no pueden ser ______________, ______________ ni ______________.

c Como son miedosas y no tienen fuerza física, dicen que no les van bien las profesiones de ______________ y ______________.

2 Relaciona algunas profesiones que escuchaste en la actividad anterior con los lugares en que se puede ejercer.

a Constructoras, empresas farmacéuticas y textiles: ____________________

b Universidades y laboratorios: ____________________

c Talleres y empresas automovilísticas: ____________________

d Aeropuertos y bases militares: ____________________

3 Haz una encuesta parecida con personas de tu grado o del siguiente e investiga qué carreras prefieren los chicos y chicas. Presenta las informaciones en un gráfico como el que viste en la unidad anterior, página 61.

4 La crónica es un tipo textual que posee características específicas. Observa algunas de ellas:

- Se inspira en hechos reales y actuales (tomados de periódicos o del cotidiano) y los relata con humor, ironía o, incluso, en forma poética.
- Utiliza un lenguaje subjetivo y coloquial.
- No profundiza las características psicológicas de los personajes.
- Presenta secuencia narrativa, aunque puede contener partes descriptivas.

5 Basándote en las características de la actividad 4 y en el texto de abertura de la unidad, escribe en tu cuaderno una crónica en la que expreses tu opinión sobre la afirmación que sigue. ¡No te olvides de ponerle un título!

"Aunque muchas mujeres modernas estudian y desempeñan ocupaciones antes consideradas propias de los hombres, la sociedad todavía divide el trabajo según el sexo de las personas".

6 Para conocer mejor a los profesionales involucrados en la organización de tu actual "ambiente de trabajo", la escuela, en grupos entrevisten a alguien que trabaja en este ambiente. Para exponer los resultados de la entrevista, confeccionen un cartel con las informaciones recogidas y preséntenlas oralmente a los demás compañeros.

Los "porqués"

7 Escucha un diálogo entre dos adolescentes que hablan sobre el momento de elegir la profesión y observa algunas frases que se sacaron de él.

16

"Luis: [...] Estoy un poco confundido.

Paulo: ¿Por qué?

Luis: No sé muy bien el **porqué**. [...] voy a buscar un trabajo en el área **porque** no quiero tomar decisiones y después ver que una vez más me ilusioné.

Paulo: Bueno, si ese es el motivo **por que** estás preocupado, [...]".

8 En el diálogo de la actividad 7, Paulo quiere saber el motivo por el cual Luis está preocupado, y este intenta explicárselo. Cuando preguntamos o informamos la "razón" de algo, tenemos que fijarnos en la palabra que utilizamos. Relaciona los términos en relieve del diálogo anterior con estas descripciones.

a Se usa para expresar la causa de una acción principal y no lleva tilde. ____________

b Sustantivo que puede sustituirse por "la razón" o "el motivo" y va acompañado de artículo. ____________

c Forma sustituible por otras como "por el cual", "por la cual", "por los cuales", "por las cuales". ____________

d Expresión que sirve para interrogar sobre los motivos de una acción, y por eso lleva tilde. ____________

9 Elige entre "por qué", "por que", "porque" y "porqué(s)" para completar correctamente las frases que siguen.

a Prefiero pensar un poco más ____________ todavía estoy un poco inseguro, tengo muchas ideas y no consigo decidirme.

b —¿____________ dejaste el curso de Francés?

—____________ me di cuenta de que eran demasiadas lenguas. Voy a terminar el de Inglés y el de Español y después retorno al de Francés.

c Es difícil determinar todos los ____________ que me llevaron a hacer lo que hago. Un poco fue mi vocación, otra parte fue la vida...

d Nadie ha entendido todavía la razón ____________ al coordinador lo echaron de la noche a la mañana.

10 Escucha los comentarios de Carla a una amiga mayor sobre la profesión que pretende elegir. En el diálogo aparecen ocho palabras que terminan con la consonante "d". Apúntalas a continuación en el orden en que las escuches.

17

a ____________ e ____________

b ____________ f ____________

c ____________ g ____________

d ____________ h ____________

La "d" al final de palabra

Como escuchaste en el diálogo anterior, muchas palabras que en portugués terminan con la sílaba "de", en español presentan solo la consonante "d". La pronunciación es, entonces, mucho más suave.

Compara estas formas en español y en portugués:

ESPAÑOL	PORTUGUÉS
credibilida**d**	*credibilida**de***
amista**d**	*amiza**de***
sincerida**d**	*sincerida**de***

11 Busca en el diccionario o en el glosario de tu libro otras palabras que terminen con la consonante "d". Después, en parejas, díctense las palabras que encuentren pronunciando la "d" suavemente al final. Comparen y corrijan lo que escribieron.

____

____

12 Lee este texto en el que algunos estudiantes peruanos hablan de aspectos importantes relacionados con la elección de la carrera profesional. Luego, en parejas, identifiquen qué métodos usaron y cuál fue el resultado.

La cruzada rumbo a la elección profesional

[...] El primer día de clase, después de las vacaciones de julio, los alumnos del quinto año de secundaria hicieron su test de orientación vocacional y contestaron treinta preguntas. Algunas de ellas, bastante graciosas. [...] Otras, un poco raras. [...]

Con esas preguntas, que fueron tema para una infinidad de chistes y bromas, algunos comprobaron y probaron lo que siempre decían, otros se convencieron de lo que todos decían y muchos se sorprendieron por nunca haberse fijado en actitudes tan sencillas, pero que les mostraba qué camino o caminos podrían seguir.

—Miren mi gráfico de interés vocacional: Científico, bajo. Humanístico, muy alto. Técnico práctico, muy bajo —les dijo Raúl a sus amigas.

—El mío fue al revés: Científico, muy alto. Los otros dos, muy bajos —les comentó Ana.

—¿Y el tuyo, Eri? —le preguntó Raúl a Érika.

—Casi como el tuyo, pero la columna del Científico es muy baja; solo el 3,33%. Ahora, la del Humanismo fue el 80%.

—¡Caramba! —exclamaron Ana y Raúl. [...]

—Bueno. Aquí dice que la gente que tiene un perfil similar al mío suele interesarse por actividades relacionadas con las ciencias de la comunicación, traducción y la literatura, pero que eso no significa de ningún modo que no pueda interesarme por otras opciones o tener talento para otras actividades profesionales y laborales. [...]

"Cada uno de ustedes entrevistará a por lo menos un profesional y después hará un informe para que sea compartido con todos los compañeros. La idea es que al final conozcamos el mayor número de profesiones posibles" —les había dicho [la señorita Vega] a sus alumnos con una energía tan contagiosa que todos pronto contestaron "sí".

Durante 15 días, los alumnos del Parroquial Sol de Oro entrevistaron a sus padres, tíos, vecinos y amigos, que colaboraban pensando en cómo habría sido más fácil para ellos si hubieran hecho lo mismo en su juventud. [...]

El día en el que los alumnos comentaron los resultados de sus entrevistas, descubrieron que muchas veces un ingeniero trabaja en el área de ventas y como vendedor; que un abogado solo puede ejercer la profesión después de hacer el examen de la organización de los abogados y no cuando se gradúa... [...]

BECERRA, Edwin. *¿Qué camino tomar?* São Paulo: Santillana, 2006. p. 14-16; 19; 21-22; 27.

13 Lee estas frases y señala las alternativas correctas, de acuerdo con el texto anterior.

a ( ) Como los brasileños, los estudiantes peruanos pasan 3 años en la secundaria.

b ( ) El resultado del test vocacional apunta una dirección, pero no significa que uno no pueda interesarse por otras profesiones.

c ( ) Los alumnos que tienen un alto porcentaje en la columna Científico pueden elegir actividades relacionadas con la Medicina o Química.

d ( ) Cuando eran jóvenes, las personas entrevistadas por los alumnos habían utilizado las mismas técnicas para facilitar la elección de su profesión.

e ( ) Existen varias actividades relacionadas con cada carrera, así que si estudias Letras, por ejemplo, trabajar como profesor será solamente una de tus opciones profesionales.

14 Ahora en grupos, entrevisten a profesionales de diversas áreas, como hicieron en la actividad 6 de la página 75. El objetivo es conocer el mayor número de profesiones posible. Luego, presenten los resultados oralmente a los demás.

MERCADO LABORAL

Basado en lo que viste y discutiste a lo largo de esta unidad, apunta las actividades profesionales que consideras como posibles ocupaciones para ti.

- ▶ ______________________
- ▶ ______________________
- ▶ ______________________
- ▶ ______________________

7 ¡Bravo!

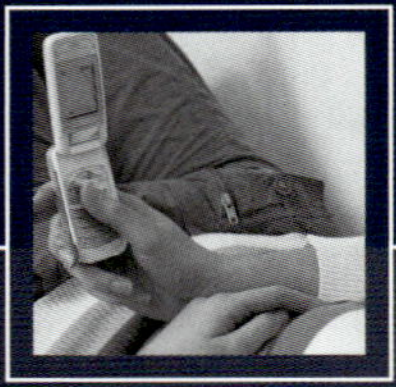

VAS A APRENDER A:

- reconocer algunos aspectos de la danza y del teatro;
- reconocer la estructura de un texto teatral;
- relacionar acciones.

PRECALENTAMIENTO

¿Crees que la imagen representa una función teatral o un espectáculo de danza?

Viendo el escenario, el vestuario y los gestos de los personajes, ¿cuál crees que es el tema de la obra?

¿Te gustan las funciones de teatro? ¿Y las presentaciones de danza? ¿Por qué?

Ex.pre.sión [...] **3.** Gesto de una persona que da a conocer un sentimiento: *La ~ de su rostro refleja la pena que siente.* ▶ expressão.

Señas. Diccionario para la Enseñanza de la Lengua Española para Brasileños. São Paulo: Martins Fontes, 2001. p. 555.

INTRODUCCIÓN

En parejas, contesten oralmente las preguntas que vienen a continuación.

a ¿Creen que el baile trae beneficios al cuerpo? ¿Cuáles?

b ¿Creen que se puede reemplazar la práctica de algún deporte por algunas horas de baile semanales? ¿Cuánto tiempo consideran que es necesario para que el cuerpo se beneficie de los movimientos de la danza?

PRESENTACIÓN

1 Lee el texto sobre los beneficios de explorar nuestra capacidad de mover el cuerpo y contesta las preguntas que vienen a continuación.

Los beneficios del baile

Además de ser una buena opción para reducir el estrés y superar la timidez, el baile estimula la circulación sanguínea y mejora la flexibilidad y la resistencia.

Sin duda, no hay mejor fuente de salud que el baile. [...] "su inclusión debe realizarse en lo que los médicos llaman 'estilos de vida cardiosaludables' como un integrante que va a contribuir a mejorar la salud física [...]".

Está claro que este ejercicio no entiende de edades. Ni de clases. Tampoco de profesiones. [...] Pero si hay una receta común es la constancia. No en vano, el ejercicio físico aislado no consigue generar efectos visibles para la salud. Según los especialistas, bastan 30 minutos, tres veces por semana. La elección dependerá de los gustos y del estado de salud. [...]

Disponible en <www.danzaballet.com>.

a ¿En qué sentido crees que el baile puede ayudar a superar la timidez?

---

b ¿Por qué, al incluir el baile en nuestra rutina, tenemos un "estilo de vida cardiosaludable"?

---

c ¿Crees que es común que las personas practiquen actividades con poca constancia? ¿A qué se debe la baja frecuencia?

---

2 Los países hispanohablantes tienen muchos bailes que reflejan la cultura y el folclore de cada lugar. Júntense en parejas y busquen el origen de cada una de las danzas del recuadro para completar las frases que vienen a continuación. Pueden consultar diccionarios y enciclopedias.

flamenco	bolero	marinera	cumbia	salsa	cueca	chacarera	tango

a La ______________ es un baile popular de Perú acompañado de guitarra y tambor.

b La ______________ es un baile de pareja suelta, típico de Chile, que representa el coqueteo amoroso entre el hombre y la mujer.

c El ______________ es una danza española que mezcla elementos musicales andaluces y gitanos.

d El ______________ es un baile de pareja enlazada, típico de Argentina y Uruguay, que presenta movimientos cadenciosos y con floreos.

e La ______________ es una danza muy movida, típica de América Latina, sobre todo de Puerto Rico, que tiene influencia afrocubana.

f La ______________ es una danza folclórica típica de Argentina. Presenta un ritmo ágil y suele acompañarse con zapateado.

g El ______________ es una danza que se bailaba en España al sonido de castañuelas y guitarras. En Latinoamérica se convirtió en un baile muy extendido, pero desarrolló temas más románticos y ritmo más lento.

h La ______________ es un baile muy movido, típico de Colombia y Panamá, en el que los bailarines llevan en la mano una vela encendida.

3 En la actualidad, los estilos de danza son variados y tienen lugar en diferentes tipos de espectáculo. Lee el folleto y completa la ficha.

Nombre del espectáculo:

____

Tipo:

____

____

Fecha/Día de las funciones:

____

Precio:

____

Lugar:

____

4 Sobre el folleto que viste en la actividad anterior, contesta las siguientes preguntas.

a ¿Qué informaciones no pueden faltar para la divulgación de un espectáculo? ¿Por qué? Para ti, ¿faltó alguna información en el folleto?

____

b ¿Crees que folletos como ese cumplen la función de despertar el interés de las personas? ¿Te interesaste en ver el espectáculo?

____

5 Lee este fragmento de la obra teatral *La niña que riega las albahacas*, del escritor sevillano Antonio Rodríguez Almodóvar.

Acto primero

*(Los **Currutacos** se han sentado en el suelo, alrededor de **Maricastaña**, sin decir ni pío. Tan solo la miran, con aire de inocentes. Maricastaña continúa rezongando negativa, pero parece sostener una ardua lucha consigo misma. Muy débilmente empieza a sonar una musiquilla maravillosa; va aumentando, aumentando, y Maricastaña sigue discutiendo por lo bajo. También se va iluminando la mayor parte del escenario, hasta entonces a oscuras. Ya se adivinan los contornos de muebles y personas... Sí... aparecen **tres muchachas**. Tres muchachas cosiendo y **un hombre mayor**, bigotudo, que las sermonea. Maricastaña ya no se puede contener más. Se transfigura su rostro).*

MARICASTAÑA: ¡Había una vez un hombre que tenía tres hijas y las tres eran muy guapas!
CURRUTACOS: ¡Bravo! ¡Bravo! ¡Bravo! *(Aplauden a rabiar).*
MARICASTAÑA: No las dejaba salir nunca de casa. Pero una vez que tuvo que emprender un largo viaje…
HOMBRE: ¡Y no se os ocurra abrirle la puerta a nadie! ¡*A nadie* quiere decir exactamente *a nadie*! ¡Y no os asoméis a la ventana! ¿Está claro?
MUCHACHAS: Sí, papá.
HOMBRE: ¿Alguna pregunta?
MUCHACHAS: Sí, papá.
HOMBRE: ¿Qué pregunta?
MUCHACHAS: ¿Quién regará la matita de albahaca?
HOMBRE: Cada día una. Así nadie se fijará en ninguna de las tres. ¿Está claro?
MUCHACHAS: Sí, papá.

*(Sale **el padre** y al momento **Mariquilla**, la más pequeña, suelta la labor y se asoma a la ventana, donde hay una macetita de albahaca. La acaricia, la huele sensualmente).*

MARIQUILLA: ¡Ay, qué bien! ¡Al fin podremos mirar por la ventana todo lo que queramos!
LAS OTRAS DOS: ¡No seas loca, Mariquilla! ¡Una vez cada tres días y el tiempo justo de regar la albahaca!

(Mariquilla queda compungida, pero no resignada. Se sientan otra vez y coge la labor. Se oscurece la escena. Mientras, Maricastaña continúa).

MARICASTAÑA: Claro, la pobre Mariquilla, a quien le ardía la sangre en las venas, no podía estar conformada con aquello. Pero las otras dos pazguatas, que eran mayores, parecían el vivo retrato de su padre. Solo les faltaba el bigote.

*(No ha terminado de decirlo, cuando se levantan dos Currutacos, invaden la escena y se dirigen a las **dos hermanas** mayores. Se sacan unos bigotes postizos y le colocan uno a cada una de ellas, que no reaccionan y continúan su labor como si tal cosa, pero con el bigote puesto. Ni que decir tiene que este postizo es idéntico al del padre. Los Currutacos vuelven a sentarse junto a Maricastaña).*

ALMODÓVAR, Antonio Rodríguez. *La niña que riega las albahacas.* Madrid: Ediciones de La Torre, 1996. p. 15-17.

currutaco ■ niño travieso.
rezongar ■ protestar, refunfuñar, lamentarse.
sermonear ■ reprender.
albahaca ■ *alfavaca*.
asomar ■ *debruçar*.
pazguata ■ persona simple o que se sorprende fácilmente.

6 Sobre el fragmento de la obra que leíste en la actividad anterior, marca V (verdadero) o F (falso) en las siguientes afirmaciones y después corrige las falsas.

a ( ) Maricastaña suele estar de buen humor.

____

b ( ) Mariquilla es una niña curiosa, mientras que sus hermanas son muy miedosas.

____

c ( ) Las palabras que están en relieve representan a la audiencia de la obra teatral.

____

d ( ) Las partes que están entre paréntesis y en letra itálica sirven como descripción de la escenografía e indicación de las acciones de los personajes.

____

7 Las siguientes palabras se refieren al teatro y a su ambiente. Relaciónalas con los correspondientes significados.

a Platea.
b Actor/Actriz.
c Comedia.
d Público.
e Escenario.
f Tragedia.
g Decorado.
h Butaca.
i Boleto.

( ) Obra dramática cuya acción presenta conflictos de apariencia fatal que mueven a compasión y espanto.
( ) Tarjeta o cédula que da derecho a entrar u ocupar asiento en alguna parte del teatro.
( ) Parte del teatro construida y dispuesta convenientemente para que en ella se puedan colocar las decoraciones y representar las obras dramáticas o cualquier otro espectáculo teatral.
( ) Patio o parte baja de los teatros.
( ) En los teatros, cada uno de los asientos preferentes con respaldo y brazos, colocados en filas frente al escenario en la planta inferior.
( ) Persona que interpreta un papel en el teatro, cine, radio o televisión.
( ) Conjunto de personas reunidas en determinado lugar para asistir a un espectáculo.
( ) Conjunto de elementos con los que se crea un lugar o un ambiente en un escenario, plató, etc.
( ) Obra dramática, teatral o cinematográfica, en cuya acción predominan los aspectos placenteros, festivos o humorísticos y cuyo desenlace suele ser feliz.

Las conjunciones y locuciones conjuntivas

8 Vuelve al texto de la actividad 5 y observa las palabras subrayadas. Luego, relaciona cada una de ellas con los tipos de conexión que establece.

a Relaciona términos estableciendo entre ellos alguna contraposición.

____

b Relaciona frases estableciendo una relación de simultaneidad entre los eventos.

____

Como viste, "pero" y "mientras" son conjunciones: tienen la función de relacionar las palabras entre sí, o bien, dos términos de una oración o dos oraciones.

Conjunción	Valor	Función	Conjunciones y locuciones conjuntivas	Ejemplo
Copulativa	Adición	Une palabras u oraciones estableciendo una relación de suma.	y(e).	Antonio Rodríguez Almodóvar es escritor **y** guionista de televisión.
	Adición negativa	Une expresiones o frases negativas estableciendo una relación de suma.	ni.	No se puede bailar flamenco **ni** tango en mi escuela.
Disyuntiva	Disyunción	Une palabras u oraciones estableciendo una relación de alternancia o exclusión.	o(u).	¿Vas al cine **o** al teatro?
Adversativa	Adversidad	Une términos u oraciones estableciendo una relación de contraposición.	pero, sino (que), mas, aunque, sin embargo, no obstante, más bien, etc.	Él baila muy bien, **pero** hoy su presentación fue mala.
Causal	Causa	Expresa causa, motivo o razón de lo expresado por el verbo de la oración principal.	dado que, pues, porque, puesto que, ya que.	No vamos al recital **ya que** no tenemos entradas.
Consecutiva	Consecuencia	Expresa efecto, resultado o consecuencia de la acción del verbo de la oración principal.	luego, por eso, por ello, así que, de modo que, por lo tanto.	Me gusta mucho el Ballet de Moscú, **así que** voy ahora mismo a comprar unas entradas para el espectáculo del sábado.
Condicional	Condicional	Expresa la condición que debe cumplirse para que se dé otra acción o situación.	si.	**Si** tengo plata, compraré las entradas de la función hoy.
Temporal	Tiempo	Expresa diferentes gradaciones de tiempo: anterioridad, simultaneidad, posterioridad, repetición o límites.	cuando, apenas, mientras, en cuanto, desde que.	El director orienta **mientras** la actriz actúa.

Observa ahora la diferencia entre los usos de dos conjunciones:

Conjunción	Función	Español	Portugués
Si	Indica una condición.	**Si** no bailo, no me siento feliz.	***Se*** *não danço, não me sinto feliz.*
Sino	Niega o excluye la información anterior y propone otra en su lugar.	**No** quiero bailar, **sino** cantar.	***Não*** *quero dançar,* ***e sim*** *cantar.*

9 Escucha un fragmento de un artículo de opinión sobre la profesión de actor y complétalo con las conjunciones que escuches. Luego, contesta: ¿estás de acuerdo con la afirmación de que, al no actuar, el actor se priva afectivamente? ¿Por qué?

18

18 | LA NACIÓN

Espectáculos

Ernesto Schoo

La incesante búsqueda del actor

[...] Debido a mi profesión, estoy más en contacto con actores __________, en general, con gente de teatro, que el ciudadano común. Creo que a este le cuesta imaginar al actor fuera del escenario __________ de la pantalla. A mí, también. __________ me encuentro con ellos casualmente, en una reunión __________ una comida, __________ al paso, por la calle, siento alguna extrañeza. Está ocurriendo algo anormal, __________ lo normal es que yo esté en mi butaca y ellos en el escenario, haciendo cada uno lo suyo. [...]

De verdad, debe de ser una dolorosa privación la del actor que no actúa. Porque se trata, fundamentalmente, de un intercambio afectivo. [...] Me dirán que cualquier profesional consciente, en la actividad que sea, no deja nunca de aprender, de ponerse al día __________ de buscar. Sí; __________ en el actor se comprometen la afectividad __________, sobre todo, el cuerpo. [...]

Periódico *La Nación*, 17 oct. 2009. p. 5.

10 Introduce en las frases que siguen la conjunción más adecuada de acuerdo con las informaciones que te damos.

Ejemplo: Antonio Rodríguez Almodóvar escribió obras teatrales, poemas (aditiva) novelas.
Antonio Rodríguez Almodóvar escribió obras teatrales, poemas **y** novelas.

a El padre de Mariquilla ha viajado (consecutiva) la niña está feliz.

____

b El padre advierte a las chicas (temporal – simultaneidad) están cosiendo.

____

c Maricastaña no es una señora bien humorada (copulativa – adición negativa) amorosa.

____

d Las hijas no podían salir, (adversativa) debían quedarse en casa todo el tiempo.

____

PRÁCTICA

Los signos de puntuación

¿Ya te habrás dado cuenta de que la entonación que se le da a una frase le puede cambiar completamente el sentido? En la lengua escrita, los signos de puntuación indican la entonación adecuada. Los escritores de obras teatrales, por ejemplo, deben tener en cuenta que los actores basan la entonación de sus hablas en la puntuación que encuentran en el guion, por lo tanto el uso equivocado de los signos de puntuación puede causar problemas de comprensión.

Los **signos de interrogación**, por ejemplo, se usan para indicar preguntas directas.

Ejemplo: ¿Te gustó el espectáculo de ayer?

Los **signos de exclamación** se usan para presentar enunciados o segmentos en los que se expresan sentimientos de admiración, alegría, pesar, sorpresa, etc.

Ejemplo: ¡Todo me hace ilusión!

¡APRENDE!

Los signos de interrogación y de exclamación deben colocarse al inicio de la pregunta o de la exclamación —no necesariamente al inicio de la oración— y a su final. Observa que si van en el medio del enunciado, la palabra que los sigue se escribe en minúscula.

Ejemplo: Y a tu hermana, ¿cómo le ha ido en la presentación de danza?

El **punto** se usa para indicar el final de un enunciado.

Ejemplo: No es que no sepa actuar, sino que no tiene carisma**.**

La **coma** se usa para indicar una breve pausa en una frase, para separar elementos de una enumeración, etc.

Ejemplo: Las actrices son muy buenas: dedicadas**,** puntuales**,** comprometidas y apasionadas por su trabajo.

En español se admite poner coma delante de la conjunción "y".

Ejemplo: Es muy bonita**, y** además actúa muy bien y tiene excelente dicción.

Los **puntos suspensivos** (siempre tres) se usan para indicar que la frase está incompleta o para expresar incertidumbre.

Ejemplo: Juana se dedica a las artes: teatro, pintura, escultura, literatura**...**

1 Lee las afirmaciones y apunta a qué signo de puntuación se refieren.

a Se usa al final de frases afirmativas para indicar una pausa en la lectura: ____________________

b Indica omisión de algo, hesitación o que la enumeración puede continuar: ____________________

c Indica una emoción fuerte, como sorpresa, alegría, etc.: ____________________

d Se emplea para separar ítems de una enumeración e indica pausa en la lectura: ____________________

2 Lee esta entrevista hecha al actor y director de cine y teatro argentino Sergio Renán y complétala con los signos de puntuación correspondientes.

Relaciones artísticas

[...]

—☐ **Por qué nunca hizo una comedia** ☐

—Es algo que me debo☐ Intenté hacerla una vez☐ La definí como una comedia moral porque era como un burlador burlado☐ Se iba a hacer en un momento dado☐ pero las circunstancias no acompañaron☐

—☐ **Hay otro género que lo seduzca** ☐

—El musical☐ Mi inicial proyecto de vida era la música☐ y esa relación espectáculo-música lo resuelvo con la ópera☐ Y me encanta☐ Cuando a todo lo que el cine y el teatro tienen se agrega la música☐ el canto y el baile☐ se produce algo muy apasionante ☐ [...]

Revista *Aerolíneas Argentinas*, n.° 159, ag. 2007. p. 108.

burlador ■ que burla, es decir, engaña o hace creer algo falso.

3 Escucha con atención la grabación y chequea la entonación que acompaña al texto de la actividad anterior a fin de comprobar si usaste los signos de puntuación correctos.

19

4 En grupos, elaboren un corto texto teatral. Antes, redacten un guion general con los datos más importantes que deseen registrar y los personajes que intervienen en la historia. Para ello, básense en el fragmento de *La niña que riega las albahacas* de la página 82, teniendo en cuenta los siguientes elementos:

- título de la obra (se puede modificar después que el guion esté listo, si es necesario);
- listado de personajes, con el nombre y la función que cumple cada uno en la obra;
- descripción del escenario de la obra y el lugar que cada personaje debe ocupar dentro de ella en cada escena;
- número de actos y escenas en que se encuentra la obra, por ejemplo: "Acto I" y "Escena 1";
- diálogos: intervenciones de los personajes. Pueden colocar en relieve el nombre del personaje que habla y luego lo que dice;
- acotaciones, es decir, los textos que van entre paréntesis y que sirven para describir la escenografía y la indicación de la acción de los personajes.

Antes de desarrollar el guion, decidan cuál será el género de su texto teatral.

El teatro es un género textual que también se divide en subgéneros. Entre ellos, los principales son la ***tragedia***, el ***drama***, la ***comedia*** y la ***tragicomedia***. En la tragedia, el protagonista tiene que enfrentar las trampas y adversidades del destino, y puede tener un final triste o ser mostrado como un héroe; en el drama predomina la tensión y el conflicto; la comedia muestra la actitud del personaje frente a los problemas cotidianos de forma divertida y con un desenlace feliz; la tragicomedia mezcla características de la tragedia y de la comedia.

La "z" y la "c"

5 Escucha y acompaña la lectura del texto que viene a continuación, en que se define qué es la danza contemporánea. Pon atención a la pronunciación de las sílabas en relieve.

20

Danza contemporánea

La dan**za** contemporánea surgió como una reac**ci**ón en contra de las posiciones y movimientos estili**za**dos del *ballet* clásico, alejándose de su estricto criterio tradi**ci**onal y romántico, de cualquier código y regla académica. [...]

Influen**ci**ada por diferentes estilos que fueron desarrollados durante el último siglo en América y Europa, solo uno de ellos es permanente en la danza contemporánea de hoy: la libertad. [...]

Disponible en <www.mipunto.com>.

6 Fíjate ahora en la pronunciación de algunas palabras retiradas del texto, pronunciadas primero por un hablante hispanoamericano y luego por un español.

21

danza	reacción	estilizados	tradicional

El seseo

Como escuchaste, el hablante hispanoamericano pronuncia las letras "c" (delante de "e" y de "i") y "z" (delante de "a", "o" y de "u") como la letra "s". A esta pronunciación se le da el nombre de **seseo**.

La pronunciación española de "c" y "z" en tales posiciones se denomina interdental ya que, como oíste, el hablante proyecta la lengua entre los dientes al pronunciar las sílabas destacadas. Como ya estudiaste en el volumen 1, ese sonido se asemeja a la "th" del inglés.

7 Lee las frases que vienen a continuación y pon atención a la forma de pronunciar las sílabas en relieve. Observa si realizas la pronunciación seseante o no.

a La función que quiero ver empieza a las ocho en el teatro Colón.

b He visto una presentación de zapateado flamenco increíble.

c Los danzarines de cueca suelen llevar un pañuelo en la mano derecha.

d La última presentación de aquel grupo ha sido una adaptación moderna de "La Cenicienta".

8 En parejas, contesten oralmente las preguntas que siguen.

a ¿Ya escucharon algo sobre la unión del teatro con el deporte? Comenten.

b ¿Cuál les parece que es el punto en común entre los dos? ¿Por qué?

9 Lee este texto en el que se define la técnica teatral del *match*, también conocida actualmente como "impro". Luego, elige la mejor alternativa para contestar las preguntas que vienen a continuación.

¿Qué es el *match*?

Para comprender qué es el *match* de improvisación tenemos que remitirnos a la improvisación teatral, [...] técnica que es parte de la formación del actor teatral. Esta técnica busca, mediante ejercicios, encontrar la fragilidad, la capacidad de reaccionar ante los eventos y personajes que tiene al frente y el desarrollo de la espontaneidad en escena. [...]

El juego consiste en que dos equipos deberán representar una historia, basándose en un título dado por un árbitro. La historia tendrá un tiempo determinado y un número de jugadores permitido por improvisación. En veinte segundos cada equipo preparará una idea para que sus jugadores comiencen la historia (un personaje, un lugar, una acción) y luego saldrán a la cancha para, junto con el otro equipo, lograr contarnos una historia única e irrepetible.

Como en toda disciplina deportiva, es posible que se cometan faltas y, para ello, un árbitro estará listo para amonestarlas. Luego del tiempo dado para la improvisación, el público votará, utilizando unas paletas bicolores, por el equipo que más les gustó durante la historia. [...] Al final del partido, que dura treinta minutos, el equipo con mayor puntaje gana el encuentro.

Disponible en <www.impro.pucp.edu.pe>.

Actores de teatro de improvisación.

amonestar ■ advertir, prevenir, reprender.

a ¿Qué habilidades del actor se desarrollan mediante la técnica de improvisación?

( ) La entonación de los actores según la puntuación empleada por el autor.

( ) La capacidad de reaccionar ante los eventos y personajes conocidos al instante de la actuación, lo que ejercita la espontaneidad durante la escena.

( ) La habilidad de memorizar los diálogos y de representarlos delante del público.

b Una de las características del teatro de improvisación es la espontaneidad, la cual hace que cada representación sea única. En función de eso, de la presencia de un árbitro, de la división de los actores en equipos y de reglas apropiadas, ¿a qué se asemeja esa forma de actuación?

( ) El teatro de improvisación guarda muchas semejanzas con una competición deportiva.

( ) El teatro de improvisación guarda muchas semejanzas con las obras de ficción producidas en la televisión.

( ) El teatro de improvisación guarda muchas semejanzas con las películas cinematográficas.

10 Contesta oralmente las siguientes preguntas.

a En tu escuela, ¿hay algo parecido al teatro de improvisación? ¿Las reglas son las mismas?

b En caso de que no haya prácticas de improvisación en tu escuela, ¿crees que los alumnos se interesarían en crear sus grupos/equipos? ¿Quién podría "entrenarlos"?

11 Las afirmaciones que siguen son incorrectas; corrígelas.

a Los temas interpretados en el *match* son previamente definidos por el director de los dos equipos teatrales.

____

b Los actores pueden prepararse durante toda la semana para desarrollar el tema.

____

c El desempeño de cada equipo es valorado por los equipos competidores.

____

12 Escucha ahora un anuncio de la TV Perú sobre una competencia mundial entre los mejores improvisadores de espectáculo. Después, en parejas, contesten las preguntas que vienen a continuación.

22

a ¿En qué ciudad se realizarán las presentaciones? ¿Durante cuántos días?

____

b ¿Cuáles son los dos equipos participantes cuyo origen no es hispánico?

____

c En tu ciudad, ¿hay alguna competencia de *match* como esta? Si sí, ¿cómo és? Si no, ¿por qué no hay?

____

____

13 Escucha otra vez la grabación y relaciona los equipos participantes con los gentilicios correspondientes a sus países de origen.

22

a Pataclaun.	e *Jogando no Quintal*.	( ) Argentino.	( ) Chileno.
b Impromadrid.	f Colectivo Mamut.	( ) Peruano.	( ) Mexicano.
c *Associazione Improteatro*.	g Complot Escena.	( ) Español.	( ) Italiano.
d Improcrash.	h Ketó.	( ) Brasileño.	

14 Ahora organicen ustedes una presentación de teatro de improvisación. Para ello pueden seguir estas orientaciones:

- dividan el grupo en equipos de cuatro a seis participantes;
- elijan un número de temas que el árbitro (el profesor u otro alumno) ha de sortear;
- tengan al alcance materiales de apoyo como el cuaderno, el libro y algunos diccionarios.

MERCADO LABORAL

Después de lo que viste respecto a las manifestaciones artísticas vinculadas al teatro y la danza, y teniendo en cuenta tus aptitudes, puedes pensar en las siguientes actividades profesionales:

- actor/actriz;
- productor/a cultural;
- bailarín/bailarina;
- montador/a de escenario.

8 Con ojos de artista

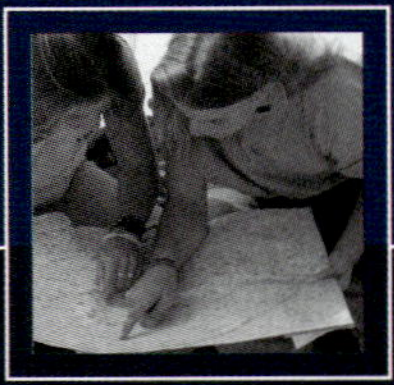
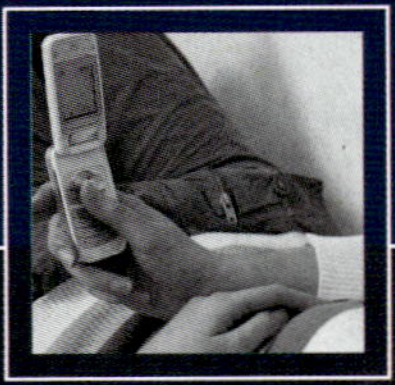

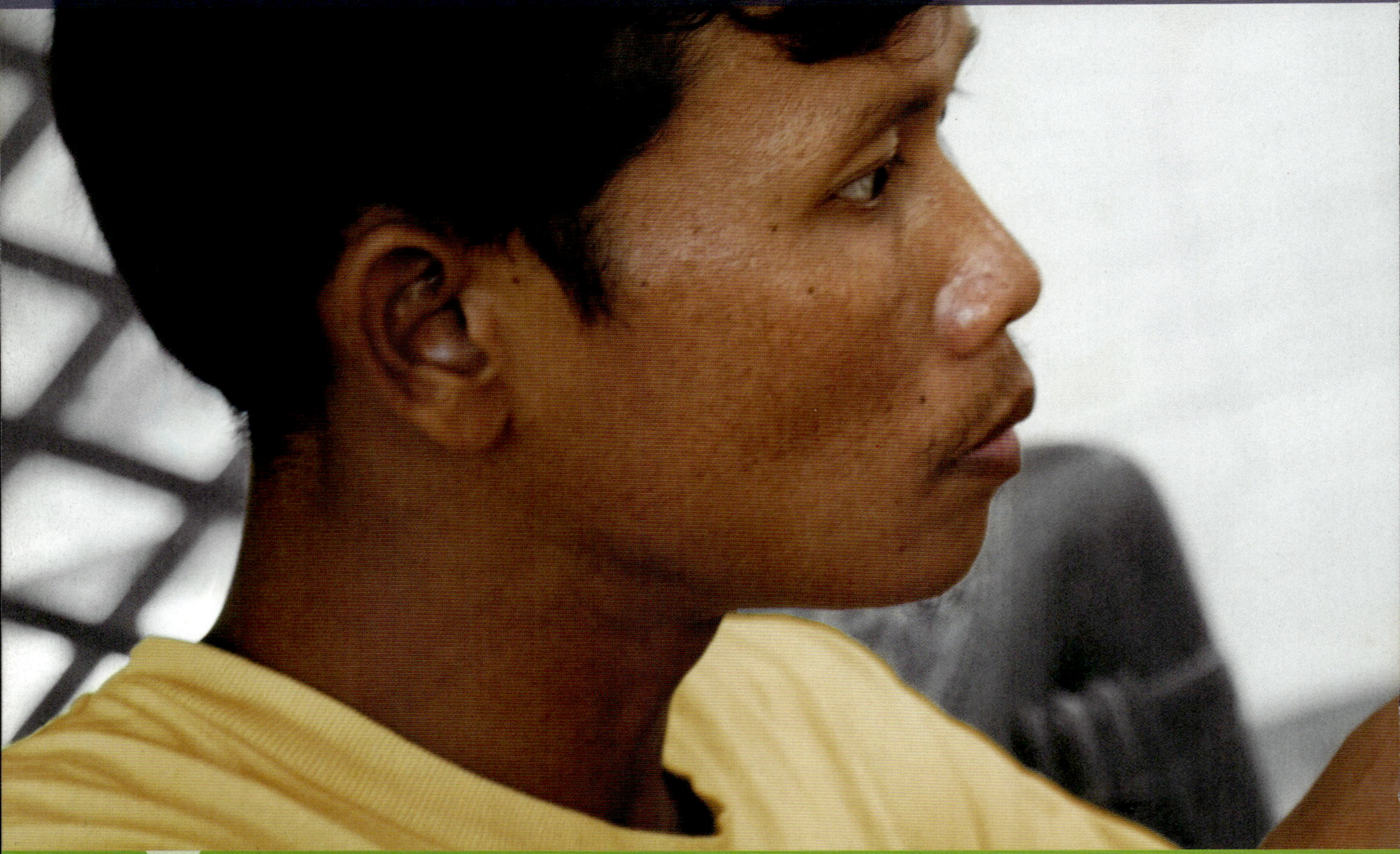

VAS A APRENDER A:

- reconocer a algunos artistas importantes;
- expresar acciones pasadas anteriores a otras también pasadas;
- hacer comparaciones;
- expresar las sensaciones que una obra de arte despierta en el observador;
- describir obras de arte.

PRECALENTAMIENTO

¿Qué tipo de arte plástica se ve en la imagen?

¿En qué material el artista hace su trabajo?

¿Ya viste alguna escultura? ¿Dónde la viste y qué impresión te causó?

Arte. m. o f. Virtud, habilidad y destreza para hacer algo. ▶ Acto o facultad mediante los cuales, valiéndose de la materia, de la imagen o del sonido, imita o expresa el hombre lo material o lo inmaterial, y crea copiando o fantaseando. ▶ Conjunto de preceptos para hacer bien una cosa. ▶ Maña, astucia. [...]

Salvat Léxico – Diccionario de la Lengua. España: Salvat Editores, 2001. p. 81.

INTRODUCCIÓN

Relaciona cada artista con su actividad.

a Pintor. ( ) Moldea algunos materiales como el barro y talla otros como la madera o la piedra.
b Escultor. ( ) Hace representaciones gráficas, a veces mezcla pigmentos a otras sustancias y conoce bien los colores.

PRESENTACIÓN

1 Lee las biografías de dos grandes artistas que vivieron en la misma época (siglo XIX): un escultor brasileño y un pintor español.

Aleijadinho

Profetas de Aleijadinho, Congonhas, MG.

Antonio Francisco Lisboa (1738-1814), conocido internacionalmente como Aleijadinho ("pequeño tullido"), era hijo de un arquitecto portugués y de una esclava negra. Empezó a conocerse por su sobrenombre en la década de 1770 cuando desarrolló una terrible enfermedad degenerativa. Tanto si era sífilis como lepra, lo cierto es que perdió los dedos de las manos y de los pies y gran parte de la movilidad.

Sin perder el valor, Aleijadinho se ataba martillos y cinceles a sus muñones y seguía trabajando para refinar el excesivo arte barroco de su país y convertirlo en un estilo más elegante, conocido desde entonces como *barroco mineiro*.

No sin razón los *mineiros* están muy orgullosos de Aleijadinho. [...] Sus esculturas de ángeles tienen un sello propio inconfundible: cabellos ondulados, ojos grandes muy abiertos y mejillas redondeadas.

Aleijadinho fue enterrado en la matriz de *Nossa Senhora da Conceição* (Ouro Preto), a 50 pasos del lugar donde había nacido. En 1973, por decreto federal, fue nombrado patrón de las artes brasileñas.

ST. LOUIS, Regis et al. *Lonely Planet Brasil*. Barcelona: Geoplaneta, 2005. p. 239.

tullido ▪ que ha perdido el movimiento del cuerpo o de alguno de sus miembros.

sífilis y lepra ▪ enfermedades infecciosas y contagiosas muy comunes en el siglo XVIII.

valor ▪ disposición para sobrepasar las dificultades.

cincel ▪ herramienta de 20 o 30 centímetros de largo que se usa para labrar, a golpe de martillo, piedras y metales.

muñón ▪ parte de un miembro cortado que permanece adherida al cuerpo.

FRANCISCO DE GOYA

Francisco José de Goya y Lucientes (Fuendetodos, España, 1746 - Burdeos, Francia, 1828). Pintor y grabador español. Goya fue el artista europeo más importante de su tiempo [...].

Goya aprendió de su padre el oficio de dorador, pero, decidido a dedicarse a la pintura, se trasladó a Madrid para formarse junto a Francisco Bayeu, con cuya hermana se casó en 1775, año de su establecimiento definitivo en Madrid. [...] En 1789 fue nombrado pintor de la corte por Carlos IV.

Diez años más tarde, en 1799, pintó para el soberano el famoso retrato *La familia de Carlos IV*, que se considera una de sus obras maestras.

[...] En 1819 experimentó una recaída en la misteriosa enfermedad que en 1792 lo **había dejado** completamente sordo. Ello, unido a su nueva vida en soledad en la Quinta del Sordo, casa solariega que **había comprado** poco antes, debió de contribuir a la exacerbación imaginativa de que el artista dio muestras en la decoración de su nueva vivienda.

[...] El pintor se trasladó en 1824 a Burdeos, donde residió hasta su muerte sin dejar de cultivar la pintura y el grabado.

Disponible en <www.biografiasyvidas.com>.

GOYA, *Autorretrato*, 1790-95, óleo sobre tela, 42 x 28 cm.

dorador ▪ persona que tiene como oficio el recubrir con oro la superficie de algo.

Quinta del Sordo ▪ así se llamaba popularmente la casa en la que vivió Goya entre 1819 y 1824, haciendo referencia a la sordera del pintor.

casa solariega ▪ casa antigua y noble.

exacerbación ▪ intensificación, exageración.

2 Sobre los textos que leíste en la actividad anterior, contesta estas preguntas.

a Los dos textos son las biografías de los artistas. ¿Por qué?

____

b ¿Cuál fue el principal objetivo profesional de Aleijadinho?

____

c ¿Qué función ejerció Goya durante algunos años desde que empezó a pintar?

____

d ¿Qué hay en común en las vidas de los dos artistas?

____

____

3 En parejas, vuelvan a la biografía de Goya para contestar las preguntas que siguen.

a ¿Cómo se forman los tiempos verbales del pasado que están en relieve?

____

____

b En unidades anteriores, viste el mismo encuentro de ese verbo auxiliar con algún verbo en participio para formar el Pretérito Perfecto Compuesto de Indicativo. ¿En qué tiempo se conjuga el auxiliar de esta forma verbal?

____

____

El Pretérito Pluscuamperfecto de Indicativo

	Pretérito Imperfecto de "haber"	Participio
Yo	había	pintado (pintar)
Tú/Vos	habías	comido (comer)
Él/Ella/Usted	había	esculpido (esculpir)
Nosotros(as)	habíamos	hecho (hacer)
Vosotros(as)	habíais	visto (ver)
Ellos(as)/Ustedes	habían	resuelto (resolver)

Ejemplos de uso del **Pretérito Pluscuamperfecto**:

Antes	Después
Aleijadinho ya **había empezado** a desarrollar la enfermedad	cuando se dio a conocer por su sobrenombre.
Goya ya **se había casado**	cuando pintó *La familia de Carlos IV.*
Ya **habían abierto** las taquillas	cuando llegamos al museo.

Como ves, utilizamos el Pretérito Pluscuamperfecto de Indicativo para expresar una acción pasada anterior a otra también pasada. Se puede definir como el pasado del pasado.

4 Lee las siguientes informaciones sobre la vida de Aleijadinho y de Goya. Fíjate en el orden de los hechos.

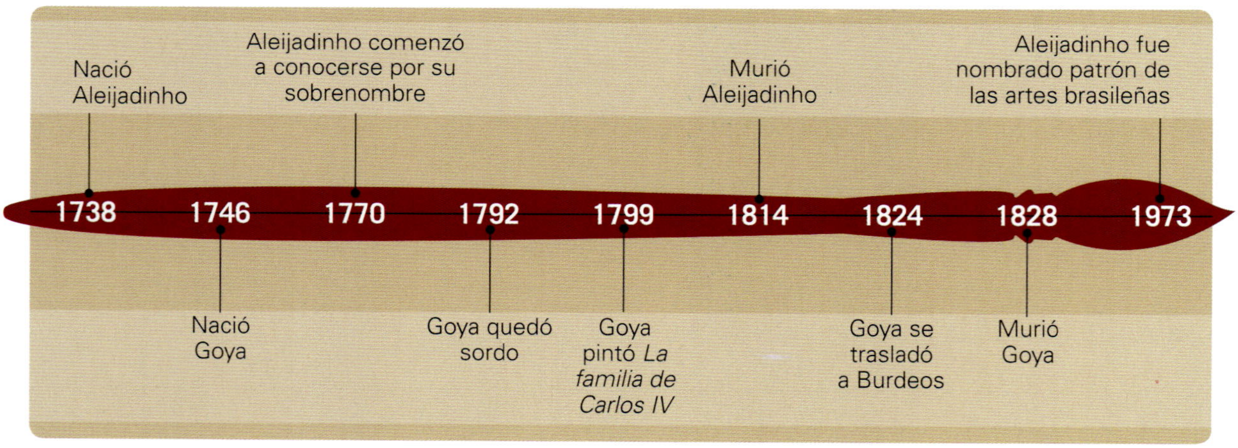

5 Conjuga los verbos entre paréntesis en Pretérito Pluscuamperfecto de Indicativo y arma las frases, para ordenar así los acontecimientos de la vida de Aleijadinho y de Goya.

a cuando Goya decidió dedicarse a la pintura / ya (aprender) a recubrir los objetos con oro

____

b cuando Aleijadinho murió / Goya ya (desarrollar) la enfermedad que lo dejó sordo

____

c cuando Goya se fue a vivir a Burdeos / Aleijadinho ya (morir) en Ouro Preto

____

6 En parejas o tríos, comenten todo lo que hicieron ayer. Para eso, utilicen el Pretérito Pluscuamperfecto de Indicativo. Pueden comenzar así:

Ejemplo: Ayer cuando me fui a la cama ya…

7 Observa algunas obras de arte famosas. ¿Conoces a los respectivos pintores? Ordena las letras para identificarlos y escribe correctamente sus nombres.

A

Título: **La Gioconda** o **Mona Lisa**.
Pintor: O-D-O-L-N-R-A-E / A-D / I-N-I-C-V

____

Año: 1503-1506.
Tamaño: 77 x 53 cm.

B

Título: **Autorretrato**.
Pintor: N-C-E-T-N-I-V / N-V-A / G-H-G-O

____

Año: 1887.
Tamaño: 65 x 54 cm.

C

Título: **Retrato IV**.
Pintor: A-O-J-N / R-I-M-Ó

____

Año: 1938.
Tamaño: 130 x 97 cm.

D

Título: **La bóveda de la Capilla Sixtina (detalle: La Creación de Adán).**
Pintor: U-L-E-M-I-G / L-G-E-N-Á

____

Año: 1508-1512.
Tamaño: 40 x 13 m.

E

Título: **Guernica**.
Pintor: A-P-L-B-O / S-O-S-A-P-I-C

____

Año: 1937.
Tamaño: 777 x 349 cm.

8 Sobre las obras que viste en la actividad 7, contesta las preguntas que vienen a continuación.

a ¿Cuál de ellas te ha gustado más? ¿Por qué?

____

b Investiga en libros o en Internet y contesta: ¿qué pintores son de países de habla española? ¿Cuáles no lo son?

____

c Las pinturas de **a** a **c** se consideran retratos, pero se distinguen mucho la una de la otra. ¿Cuáles son las diferencias?

____

____

9 Las frases que vienen a continuación establecen relaciones temporales entre los cuadros de la actividad 7. Primero, relaciona las partes de las frases; después, utiliza el Pretérito Pluscuamperfecto de Indicativo de los verbos que están entre paréntesis para completar la segunda parte de cada frase.

a Cuando Da Vinci terminó de pintar la *Mona Lisa*,

b Cuando Joan Miró pintó el *Retrato IV*,

c Cuando Van Gogh concluyó su *Autorretrato*,

( ) Picasso ya ______________________ su obra más conocida, *Guernica*. (concluir)

( ) Miguel Ángel no ______________________ a pintar *La bóveda de La Capilla Sixtina*. (empezar)

( ) Picasso y Miró todavía no ______________________, mucho menos pintado el *Guernica* y el *Retrato IV*, respectivamente. (nacer)

10 Lee ahora la siguiente tira de Gaturro sobre arte. Fíjate en los cuadros.

11 Contesta las preguntas que vienen a continuación teniendo en cuenta la tira de Gaturro.

a ¿Cuál fue la intención de Gaturro al convertirse a la vez en personaje y autor de esas obras?

____

b ¿Logró Gaturro alcanzar su objetivo? ¿Cómo le resultaron a Ágatha todos sus esfuerzos?

____

c ¿Reconoces a los distintos pintores en los que se convierte Gaturro? Identifícalos según lo que aprendiste en la actividad 7.

____

d ¿Qué juegos de palabras aparecen en la tira?

____

____

e ¿Por qué no hay diálogos en las primeras viñetas?

____

Los comparativos

12 Observa las siguientes frases y después lee el cuadro que viene a continuación.

La Gioconda de Leonardo da Vinci es **más** antigua **que** el *Autorretrato* de Van Gogh.

Esta exposición me gustó **menos que** la anterior.

En este museo hay **tanto** cuadros **como** esculturas.

Comparativos:

- Comparación de superioridad: **más** + adjetivo/sustantivo/adverbio/verbo + **que**
- Comparación de inferioridad: **menos** + adjetivo/sustantivo/adverbio/verbo + **que**
- Comparación de igualdad: **tan/tanto** + adjetivo/sustantivo/adverbio/verbo + **como**

Observa ahora estos ejemplos:

ESPAÑOL	PORTUGUÉS
En esta muestra hay **más** esculturas **que** pinturas de Picasso.	*Nessa mostra tem **mais** esculturas **do que** pinturas de Picasso.*
Le gustaba **menos** dibujar **que** pintar.	*Ele/ela gostava **menos** de desenhar **do que** de pintar.*
Picasso ha tenido **tanto** éxito **como** Miró.	*Picasso teve **tanto** sucesso **quanto** Miró.*

¡APRENDE!

Como en portugués, en español existen adjetivos comparativos: más bueno = mejor; más malo = peor; más grande = mayor; más pequeño = menor.

Observa que en español **nunca** se usa la preposición "de" como ocurre en portugués ("*mais/menos do que*") en las comparativas de superioridad o de inferioridad. Y en las de igualdad, el segundo término **no** es "cuanto", sino "como".

13 Observa las características de los cuadros de la actividad 7 y escribe las frases comparativas.

Ejemplo: colores — *Autorretrato* de Van Gogh / *Retrato IV* pintado por Miró (inferioridad)
El *Autorretrato* de Van Gogh tiene **menos** colores **que** el *Retrato IV* pintado por Miró.

a ancho/a — *Guernica* / *La Gioconda* (superioridad)

____

b pequeño/a — *La Gioconda de Da Vinci* / *Retrato IV* de Miró (inferioridad)

____

c Picasso — pintar libremente — Joan Miró (igualdad)

____

14 Ahora haz comparaciones entre las diversas obras valiéndote de los elementos que te damos, y exprésate sobre ellas y sus autores.

a luminosidad — *La Gioconda* de Da Vinci / *Autorretrato* de Van Gogh

____

b figuras abstractas — *Guernica* de Picasso / *Retrato IV* de Miró

____

c tristeza — *Autorretrato* de Van Gogh / *La Gioconda* de Leonardo da Vinci

____

PRÁCTICA

1 (23) Escucha a este guía del Museo Nacional Centro de Arte Reina Sofía, de Madrid, que explica un cuadro del famoso pintor Salvador Dalí a un grupo de alumnos de una escuela española. Observa la imagen mientras lo escuchas.

Museo Nacional Centro de Arte Reina Sofía.

Muchacha en la ventana, de Salvador Dalí.

2 Teniendo en cuenta la grabación de la actividad anterior, completa las siguientes frases.

a En la obra *Muchacha en la ventana*, Dalí representó a ____________________, su ____________________.

b Al usar el ____________________, el pintor consigue transmitir una sensación de ____________________.

c La chica está de ____________________ porque Dalí quería destacar la contemplación del ____________________, además de simbolizar una ____________________ hacia el futuro.

d El ____________________ de la chica está pintado con mucho trabajo, al mínimo ____________________.

3 Ahora, en grupos, van a convertirse en guías de museo. Elijan una pintura o escultura de cualquier origen, de las que encuentren en los libros o en Internet. Después deberán:

- apuntar algunos datos de la vida del pintor o escultor que realizó la obra;
- situar la obra elegida dentro de la vida del artista;
- describirla con detalle: qué formas tiene; qué personajes aparecen; qué sensaciones transmite; en qué material fue esculpida (en el caso de ser una escultura), qué colores y luces predominan (en el caso de ser un cuadro), etc.;
- exponer ante los demás esa información simulando que están en un museo y que trabajan allí como guías.

4 Escucha una llamada en la que un chico se pone en contacto con el servicio de información del Museo de Arte Latinoamericano de Buenos Aires. Apunta los horarios y los precios de las entradas para docentes y jubilados.

24

INFORMACIÓN ÚTIL

Horarios

- De jueves a lunes de ____________________
- Miércoles hasta las ____________________
- Martes cerrado.

Nota: ingreso hasta 30' antes del cierre.

Valor de entrada

- Adultos: $15.
- ____________________: $8.
- Menores de 5 años: sin cargo.

Miércoles

- General: $5.
- Docentes y jubilados: $3.
- ____________________: sin cargo.

Disponible en <www.malba.org.ar>. (Adaptado).

La aspiración de la "–s"

5 Escucha nuevamente algunas palabras tomadas de la llamada anterior y observa cómo se pronuncia la "–s" final en estas palabras. Repítelas.

25

horario**s**	lune**s**	marte**s**	miércole**s**	jubilado**s**	estudiante**s**

Como observaste, el hablante argentino pronuncia la "–s" en posición final de sílaba o de palabra de una forma particular. Esa modalidad de pronunciación, común tanto en Hispanoamérica como en partes de España, es conocida como **aspiración de la "–s"**.

6 Lee el siguiente texto sobre el famoso pintor y escultor colombiano Fernando Botero y después contesta las preguntas que lo siguen.

Soldado romano,
1986.

La Mona Lisa,
183 x 166 cm, 1977.

El colombiano asombrado por los volúmenes

Marta Caballero

Dice el señor Fernando Botero que comienza a trabajar como un poeta. Que coloca los colores y realiza la composición sobre la tela como un pintor. Y que, por último, trabaja como un escultor, complaciéndose en acariciar las formas. Forma es **precisamente** el vocablo que mejor puede hablar de la creación de este artista colombiano que ha consagrado su obra a lo redondo, al volumen. En una ocasión admitió: "Lo que me interesan no son los seres, sino la manera en la que sus volúmenes se inscriben en el espacio". [...]

Aunque **inconfundiblemente** moderno, el estilo de Botero ha captado sobre todo la admiración de quienes están fuera del mundo del arte. Entre tanto, la crítica no ha dudado a la hora de tildar sus orondas creaciones de "patéticas" o "ridículas". [...]

¿Qué es la gordura para Botero? ¿Es belleza? ¿Es ironía? ¿Es una obsesión por ser diferente? A la sempiterna pregunta, el artista respondería: "No son gordos... son sensuales". [...]

[...] Fijado en su reto de ir contra los cánones estéticos de nuestro tiempo, Botero sugiere: "El arte es una realidad paralela, no tiene que inspirarse en los cánones de belleza. En mayor o menor medida es deformación".

Disponible en <http://aula2.el-mundo.es>.

oronda ■ gruesa, hinchada.
sempiterna ■ que no tiene fin.
reto ■ desafío.
canon ■ regla, modelo.

a Las imágenes son de dos obras de Botero. ¿Cuáles son sus semejanzas y diferencias?

____

b ¿Dónde crees que se exponen estas obras?

____

c ¿A qué obra nos remite el cuadro *La Mona Lisa* de Botero? ¿En qué se diferencian las pinturas?

____

d Al pintar un cuadro, Botero adopta procedimientos propios de otras formas de arte. ¿A cuáles se refiere?

____

e ¿Por qué las obras de Botero no les gustan a los críticos de arte?

____

7 En grupos, contesten oralmente estas preguntas:

a ¿Por qué crees que este artista representa a sus personajes gordos?

____

b ¿Cómo ves la frecuencia de imágenes de personajes gordos en la obra de Botero en una época en la que se valora más bien la delgadez?

____

c ¿Qué dirías sobre la frase: "El arte es una realidad paralela, no tiene que inspirarse en los cánones de belleza. En mayor o menor medida es deformación"?

____

Los adverbios terminados en "–mente"

8 Vuelve al texto de la actividad 6 y contesta las siguientes preguntas:

a ¿De qué palabras se derivan los términos en relieve que tienen el final "–mente"?

____

b ¿Estos adjetivos que dan origen a los nuevos adverbios llevan tilde?

____

Observa ahora esta frase:

Las obras de Botero son **fácilmente** encontradas en las plazas de Colombia.

¡APRENDE!

Como ves, cuando el adjetivo que da origen a un adverbio terminado en "–mente" lleva tilde, la nueva palabra también se acentúa.

9 Observa las expresiones que están entre paréntesis y completa las frases con adverbios terminados en "–mente".

a Al principio de la carrera, la actividad de artista plástico es, ______________ (desde el punto de vista económico), menos rentable que otras profesiones.

b Algunas esculturas de Botero han sido destruidas ______________ (de modo trágico) en los conflictos armados de Colombia.

c La promoción de cursos de artes se realiza ______________ (de manera general) en los museos y centros culturales.

10 Elige a un pintor y a un escultor y busca datos sobre su vida para que puedas escribir y comparar las respectivas biografías. Utiliza el Pretérito Pluscuamperfecto de Indicativo.

MERCADO LABORAL

Basándote en lo que viste acerca de las pinturas y esculturas o lo relacionado con los museos, y teniendo en cuenta tus aptitudes, puedes pensar en las siguientes actividades profesionales:

- escultor/a;
- pintor/a;
- conservador/a de acervos;
- guía de museo.

Repaso

Las perífrasis verbales

Como vimos en la unidad 6 de este volumen, las **perífrasis verbales** son la unión de dos o más formas verbales que funcionan como un solo verbo. Con el siguiente ejemplo, recuerda como se forman:

dejar	de	pensar
Verbo que funciona como auxiliar y que encontramos en cualquiera de sus formas conjugadas (persona, número, tiempo y modo).	Elemento de enlace entre las dos formas verbales, que suele ser una preposición. Ejemplos: "de", "a", etc.	Verbo que va en infinitivo, participio o gerundio y aporta el significado fundamental de la perífrasis.

¡REPASA!

Las perífrasis pueden indicar las **fases de un proceso**, o sea, si está al inicio, si todavía se desarrolla, si está cerca del final o si ya terminó. Otras perífrasis, a su vez, también pueden indicar **obligación**.

1 Ahora relaciona las siguientes perífrasis con la descripción de los significados correspondientes.

a "soler + infinitivo"
b "comenzar a + infinitivo"
c "tener que + infinitivo"
d "llevar + gerundio"
e "volver a + infinitivo"
f "seguir + gerundio"

(   ) Indica una acción comenzada en el pasado y que todavía se realiza.
(   ) Indica una acción que se realiza habitualmente.
(   ) Indica una acción que se realiza de nuevo tras haber estado un período de tiempo sin realizarse.
(   ) Indica el principio de una acción. Su contrario es la perífrasis "terminar de + infinitivo".
(   ) Se utiliza en general para expresar el tiempo que dura una acción o proceso.
(   ) Indica una obligación.

2 Reescribe las siguientes frases y sustituye cada una de las expresiones en relieve por una de las perífrasis verbales de la actividad anterior manteniendo el sentido inicial.

Ejemplo: A Luis **le gustaba y le gusta todavía** jugar al fútbol porque le da energía.
A Luis **le sigue gustando** jugar al fútbol porque le da energía.

a Priscila **estudia desde hace cuatro años** la danzaterapia porque le da mucho placer.

____

b **Para mí es obligatorio hacer** ejercicios físicos, pues me ayudan a estar en forma y más feliz.

____

c Me han encantado las técnicas de relajación que enseñan en esta escuela, **quiero venir de nuevo**.

____

d Felipe **normalmente escucha** música clásica mientras trabaja; eso lo relaja mucho.

____

Las conjunciones y locuciones conjuntivas

3 Relaciona las conjunciones del recuadro con sus funciones.

luego	ya que	pero	y(e)	mientras	ni	no... sino	o(u)

a Niega o excluye la información anterior y propone otra en su lugar: ______________

b Une palabras u oraciones y establece una relación de suma: ______________

c Une expresiones negativas y establece una relación de suma: ______________

d Expresa causa, motivo, razón de lo expresado por la oración principal: ______________

e Introduce una información que se opone a algo ya mencionado: ______________

f Une oraciones o palabras y establece una relación de alternancia o exclusión: ______________

g Expresa efecto o consecuencia de la acción de la oración principal: ______________

h Expresa simultaneidad entre dos o más acontecimientos: ______________

Repaso

4 Reescribe las frases que vienen a continuación con la conjunción o locución conjuntiva adecuada.

a Algunos días nos sentimos eufóricos. Otros nos sentimos tristes. (adversativa)

____

____

b Todos están entusiasmados. Podemos organizar la fiesta. (causal)

____

____

c Mis padres no están siempre nerviosos. Están preocupados por el trabajo. (negativa)

____

____

El verbo "gustar" y los grados de gusto

¿Recuerdas los verbos que usamos para expresar nuestras sensaciones y apreciaciones sobre algo? ¿Te acuerdas, por ejemplo, de que el verbo "gustar" se conjuga de manera distinta al portugués?

ESPAÑOL	PORTUGUÉS
A Luis le gusta el sabor de las frutas de esa región.	*O Luis **gosta** do sabor das frutas dessa região.*
A Fernando y María no **les gustan** los colores de mi casa.	*O Fernando e a Maria não **gostam** das cores da minha casa.*
(A mí) Me gusta ponerme una ropa cómoda y caminar.	*Eu **gosto** de colocar uma roupa confortável e caminhar.*

5 Ordena estos verbos de acuerdo con el grado de gusto, del más negativo al más positivo.

apreciar	no soportar	odiar	amar	detestar

____

____

6 Escribe frases con los verbos que viste en la actividad anterior para expresar tu grado de aprobación o reproche con respecto a las cosas y actividades que aparecen a continuación. Explica tus razones con una sensación. Te ayudamos:

Ejemplo: Soportar los domingos.
No soporto los domingos por la tarde porque me dan **pereza y aburrimiento**.

euforia	asco	pereza	aburrimiento
tranquilidad	placer	enfado	ánimo
náusea	alegría	relajamiento	bienestar

a Ver partidos de fútbol.

____

____

b La música *rock*.

____

____

c El pescado.

____

____

d El olor a gasolina.

____

____

e Andar en bicicleta.

____

____

El artículo neutro "lo"

Recuerda que el **artículo neutro "lo"** no concuerda ni en número ni en género con las palabras a las que acompaña.

7 Señala la opción que responde correctamente a la pregunta: ¿el artículo "lo" concuerda en género y número con la palabra a la que acompaña?

a ( ) Sí. b ( ) No. c ( ) Solamente cuando acompaña adjetivos.

¡REPASA!

No debes confundir el artículo neutro "lo" con el artículo portugués "*o*". En español, el determinante masculino es "el".

Ejemplo: ***o*** *rapaz* → **el** chico.

8 Completa con los artículos determinados ("el", "la", "los", "las") y el neutro ("lo") este *e-mail* que Sonia le envía a su hermana desde Colombia.

Archivo Edición Ver Favoritos Herramientas Ayuda

Dirección http://www.correo.com/correo

Correo — Principal Perfil Contactos Correo Fotos Más · Buscar en la Web

Band. entrada · Correo no deseado · Borradores · Enviados · Eliminados · Administrar carpetas · Agregar una cuenta de correo electrónico · Lugares relacionados · Hoy · Lista de contactos · Calendario

Enviar | Guardar | Adjuntar | Revisión ortográfica | Texto enriquecido | Cancelar — Opciones

De: sosopbello@correo.com

Para: pluly@correo.com

Asunto: Hola

Hola, Luly, ¿cómo te va?

Estoy bien, aunque los extraño mucho a todos. Aquí _____ tiempo está mucho mejor. _____ semana pasada empezó _____ primavera y _____ sol ya aparece todos _____ días. _____ lindo es que _____ árboles ya están floreciendo y _____ plazas están mucho más hermosas. ¿Sabes _____ que me llama _____ atención aquí? _____ cantidad de gente que camina por _____ parques. _____ mayor parte va con sus perros y es increíble _____ bien que los cuidan. Hay incluso muchos jóvenes que cobran algo para pasear a _____ perros de _____ demás. Yo le decía a una amiga brasileña _____ complejo que es aquí en Colombia _____ tema de _____ malos tratos a _____ animales. Ojalá algún día aprendamos algo con nuestros hermanos colombianos y nos preocupemos más por este tema.

Besos,

Sonia.

Inicio

9 Escribe frases acerca de los siguientes asuntos y usa el artículo neutro "lo".

Ejemplo: La gimnasia. **Lo que** más me encanta en la gimnasia son los beneficios para la forma física. / ¿No sabes **lo importante** que es hacer gimnasia?

a El desayuno. ______

b Las esculturas de Aleijadinho. ______

c La televisión. ______

d La contaminación (del aire, del agua, del suelo, etc.). ______

______

e La lectura. ______

El Pretérito Pluscuamperfecto de Indicativo

Fíjate en esta frase:

"Luciana **volvió a escribir** poesía, afición que **había dejado** a un lado durante años".

Recuerda que el **Pretérito Pluscuamperfecto de Indicativo** se utiliza para indicar una acción concluida que es anterior a otra también terminada en el pasado → "olvidarse de la poesía" es anterior al hecho de "volver a escribirla".

10 Ahora completa las frases con los verbos indicados entre paréntesis, conjugándolos en Pretérito Pluscuamperfecto de Indicativo.

a Y tú, ¿ya ______ alguna canción de Juanes? (oír)

b Mis amigos y yo nunca ______ una película tan triste. (ver)

c El profesor corrigió los ejercicios, pues todos los alumnos ya los ______. (hacer)

d No te llamé a las 8 h pues aún no ______ del trabajo. (volver)

e ¿______ vuestros abrigos o tuvisteis que volver a casa? (llevar)

11 Relaciona las frases que vienen a continuación y utiliza los verbos del recuadro conjugándolos en Pretérito Pluscuamperfecto de Indicativo o en Pretérito Perfecto Simple de Indicativo, según convenga, para indicar qué sucedió "antes" y "después".

llover	venir	comer	formar	poder	trabajar

a Ya ______ algo muy parecido...

b Esos actores ya ______ una pareja...

c Ayer los atletas no ______ entrenar...

( ) pues ______ mucho por la mañana.

( ) cuando ______ en la película de Juan José Campanella.

( ) cuando ______ a este restaurante.

12 Observa las imágenes y escribe lo que ya había pasado.

a

Ayer, cuando llegué a la clase de artes, mis amigos ya...

____

____

c

El viernes, cuando fui a inscribirme para las clases de artes, la academia ya...

____

____

b

El domingo, cuando Luis llegó al museo, gran parte del grupo ya...

____

____

d

A mitad de la clase, cuando empecé a moldear mi escultura, la arcilla ya...

____

____

- **Teniendo en cuenta tu desempeño en esta unidad de repaso, ¿cómo te evaluarías?**

( ) Muy bien. ( ) Bien. ( ) Regular.

- **¿En qué contenido(s) tienes más dificultad?**

____

____

- **¿Qué vas a hacer para mejorar tu desempeño?**

( ) Rehacer las actividades de la unidad.

( ) Reunir las dudas y preguntárselas a mi profesor/a.

( ) Conversar con un/a compañero/a.

( ) ______________________________

AMPLÍA TUS CONOCIMIENTOS

Unidad 1 - Turismo y gastronomía

- **Mi Buenos Aires querido**, de Delia María De Césaris y Telma Guimarães Castro Andrade. São Paulo: Santillana, 2005. Embarca con Pedro en un viaje a Buenos Aires. Conoce su familia argentina y sus nuevos amigos. Te encantará este divertido grupo al que le gusta el fútbol y hasta apareció en la televisión. ¡Tal vez aprendas a bailar tango como Pedro!
- **Ratatouille** (Brad Bird, 2007), producida por los estudios Walt Disney, cuenta la historia de un ratoncito que se convierte en un exitoso chef de cocina y prepara recetas exquisitas.
- Para tener informaciones sobre destinos turísticos en Brasil, accede al sitio del **Ministerio de Turismo** en español: <www.embratur.gov.br/site/es>.

Unidad 2 - Nos comunicamos

- **Aire de mar en Gádor**, de Pedro Sorela. Madrid: Santillana, 2008. Una taberna, un salón de conciertos, un restaurante, un museo, la redacción de la revista *Al sur*, hasta el estudio de la Radio Gádor. Con la ayuda de los periodistas Paloma y Dimas, África, hija de un importante ministro, y Sancho, hermano de Dimas, todo tiene lugar en esos tiempos difíciles —de poco dinero, frío y censura— en la vieja mansión heredada por Mar y Rodrigo.
- **Tienes un e-m@il** (Nora Ephron, 1998), con Tom Hanks y Meg Ryan. La dueña de una pequeña librería tiene una gran antipatía por el hijo de su mayor concurrente. Lo que ambos desconocen es que mantienen una relación por correo electrónico.
- Visita este enlace del sitio del **Instituto Cervantes** en el que se encuentran los principales periódicos en lengua hispana: <http://cvc.cervantes.es>.

Unidad 3 - Medioambiente: problemas y soluciones

- **Aprendiendo sobre el calentamiento global**. São Paulo: Santillana, 2008. Explica todo el proceso que ha ocasionado el calentamiento global y todos los perjuicios involucrados; además de sugerir cómo podemos frenar ese fenómeno. Al fin y al cabo, no podemos cambiar el pasado, pero sí ¡podemos construir un futuro mejor!
- **Vecinos invasores** (Tim Johnson y Karey Kirkpatrick, 2006). Llega la primavera y los habitantes del bosque descubren un muro alto en su hogar. Comenzará la convivencia entre ellos y los raros seres que viven detrás del muro: los humanos.
- Visita el sitio de **Greenpeace** de México, que trae temas específicos de ese país y actualidades sobre la actuación de la ONG: <www.greenpeace.org/mexico>.

AMPLÍA TUS CONOCIMIENTOS

Unidad 4 - **Nos movemos**

- **El secreto de Cristóbal Colón**, de Luis María Carrero. Madrid: Santillana, 2008. Conoce parte de la vida de Cristóbal Colón: su matrimonio con Felipa Muniz; el nacimiento de su hijo y la precoz viudez en la pequeña isla de Puerto Santo; la descubierta de un nuevo camino hacia las Indias, por el oeste; los insistentes intentos de conseguir apoyo, cuando todos lo consideraban loco, hasta su salida con tres naves españolas hacia América en el verano de 1492.
- **La vuelta al mundo en 80 días** (Frank Coraci, 2004), con Steve Coogan, Jackie Chan y Cécile de France. Comedia basada en la novela de Julio Verne en la que un hombre intenta circunnavegar la Tierra con su sirviente y una pintora.
- Para saber más sobre algunos **coches antiguos** de un museo español, accede a <www.museuautomobilsclaret.com>.

Unidad 5 - **Me suena como música...**

- **Pánico en la discoteca**, de Fernando Uría. Madrid: Santillana, 2008. Es viernes. Cuco, Natalia y Luis, como siempre, salen a bailar hasta el amanecer. Por donde pasan, se juntan a otros y parten buscando más diversión. Ahora son diez amigos, que consiguen entrar a una disputadísima casa nocturna donde están más de mil jóvenes. Pero no todos podrán escapar de aquel terrible incendio.
- **Buena Vista Social Club** (Wim Wenders, 1999) es un documental acerca de un grupo de músicos cubanos que se quedaron olvidados por muchos años. A causa de la película, ellos se hicieron famosos en todo el mundo.
- Accede al sitio <www.gotanproject.com>, de un famoso grupo de jóvenes que se dedica al **tango electrónico** en Argentina.

Unidad 6 - **¿Qué haces?**

- **¿Qué camino tomar?**, de Edwin Becerra. São Paulo: Santillana, 2005. Érika, Raúl y sus colegas se encuentran al comienzo de una larga cruzada rumbo a la elección profesional.
- **Forrest Gump** (Robert Zemeckis, 1994), con Tom Hanks. Es la historia de un hombre ingenuo que, sin quererlo, se convierte en personaje de muchos hechos importantes de la historia de EE. UU. y ejerce diversas actividades durante su vida.
- Accede al sitio <www.protocolo.org> y haz clic en el enlace "Laboral", para tener más **informaciones sobre el mundo del trabajo** (cómo conducirse en una entrevista de trabajo o cuidar la imagen profesional, por ejemplo).

AMPLÍA TUS CONOCIMIENTOS

Unidad 7 - ¡Bravo!

- **El señor de Alfoz**, María Luisa Rodríguez Sordo. Madrid: Santillana, 2008. Don Alfonso es un hombre triste: su mujer lo dejó por un médico de Barcelona, ve a los jóvenes dejar el pueblo en busca de un futuro promisor en la ciudad y, peor, se enfrenta con serias dificultades económicas. La moderna cineasta Isabel decide rodar allí, en aquella casa, una película. Encuentra entonces un final para su historia y, en Alfonso, un nuevo amor.
- **Shakespeare enamorado** (John Madden, 1998), con Joseph Fiennes y Gwyneth Paltrow. Historia ficticia de Shakespeare en sus primeros años como escritor, de su amor con Viola de Lesseps y de la creación de *Romeo y Julieta*.
- Consulta noticias, textos e indicaciones de lecturas acerca del **teatro de títeres** en general en la página <www.titerenet.com>.

Unidad 8 - Con ojos de artista

- **Misterio en el museo**, de Delia María De Césaris y Telma Guimarães Castro Andrade. São Paulo: Santillana, 2008. Una llamada anónima denuncia la existencia de una bomba en el Museo del Prado. La joven Irene, su padre, que es investigador de la policía, y la sabia Dolores se ven envueltos en esa peligrosa intriga policial y ayudan a desvendarla.
- **La joven de la perla** (Peter Webber, 2003), con Colin Firth y Scarlett Johansson. El film gira en torno al cuadro *Muchacha con turbante*, de Johannes Vermeer, e intenta reflejar un universo pictórico de tonalidades y perspectivas sobre el fondo.
- Si quieres encontrar las direcciones electrónicas de algunos de los más importantes **museos del mundo**, accede a <www.enfocarte.com/directorios/museos.html>.

▶ GLOSARIO

ESPAÑOL – PORTUGUÉS

▶: falsos amigos | v.t.: ver también

A

a la plan.cha: na chapa
a me.nu.do: com frequência
a ra.biar: com grande intensidade
a.bo.ga.do/a: advogado/a
▶ a.bor.dar: entrar, subir (em um meio de transporte)
a.bu.rri.mien.to: tédio
ac.ce.der: acessar
▶ a.cer.car.se: aproximar-se
a.co.ger: acolher
▶ a.cor.dar: combinar
a.cor.dar.se: lembrar-se
a.cor.tar: diminuir, encurtar
a.cos.tar: deitar (para dormir)
▶ a.dic.ción: dependência, vício
a.gu.je.ro: buraco
a.ho.rrar: economizar, poupar
ais.lar: isolar
an.cho/a: largo/a
an.da.luz/a: andaluz/a (de Andaluzia, Espanha)
an.te.la.ción: antecedência
a.ña.dir: acrescentar
a.ño.rar: sentir saudade (v.t. "extrañar")
a.par.car: estacionar (v.t. "estacionar")
a.po.do: apelido (v.t. "sobrenombre")
ar.ci.lla: argila
a.rre.glar: arrumar, consertar
▶ a.rro.jar: atirar, jogar (v.t. "echar", "tirar")
as.co: nojo, repugnância
a.ta.jar: interromper; tomar um atalho
a.tas.co: trânsito, engarrafamento (v.t. "tráfico")
au.ri.cu.lar: parte do telefone que se aproxima do ouvido; fone
au.to.bús: ônibus (v.t. "camión", "ómnibus")
au.to.mó.vil: automóvel (v.t. "coche")
au.to.pis.ta: autoestrada
a.za.fa.to/a: comissário/a de bordo

B

ba.jar: descer
▶ ba.ño: banheiro
ba.rón: barão
ba.su.ra: lixo
bien.es.tar: bem-estar
▶ bo.le.to: entrada (para um evento), ingresso, passagem de um meio de transporte
bó.ve.da: abóbada
▶ bu.fe.te: escritório de advocacia
bu.ta.ca: poltrona

C

ca.ba.llo: cavalo
ca.jón: gaveta, caixa grande
ca.len.tar: aquecer, esquentar
cam.biar: mudar, trocar
ca.mión: caminhão; ônibus (no México) (v.t. "autobús", "ómnibus")
ca.nas.ta: cesta (v.t. "cesta")
can.cha: quadra
ca.no.a: canoa (v.t. "piragua")
can.tau.tor/a: cantor/a e compositor/a
car.ca.ja.da: gargalhada
ca.rre.ra: carreira; corrida
ca.rre.te.ra: estrada
ca.rril: pista, via (v.t. "vía")
▶ ca.rro: carroça; carro
ca.rrua.je: carruagem
ca.si.lla (de juego): casinha (de jogo)
ca.za.do.ra: jaqueta (v.t. "chaqueta"); caçadora
ce.na: jantar
cer.ca.ní.as: arredores, proximidades
ces.ta: cesta (v.t. "canasta")
cha.ca.re.ra: música popular originária do sul da Bolívia e do noroeste da Argentina
cha.o: tchau
cha.que.ta: jaqueta (v.t. "cazadora"), *blazer*
cha.ran.ga: banda popular e festiva que tem apenas instrumentos de vento e percussão
▶ chi.co/a: menino/a, criança; pequeno/a
cho.fer: motorista
▶ cho.ri.zo: linguiça
co.brar: receber salário; cobrar
co.cer: cozer, cozinhar
co.che: carro, automóvel (v.t. "automóvil")
co.he.te: foguete
col.gar: desligar (o telefone); pendurar
co.me.ta: pipa; cometa
co.mi.da: comida; almoço; refeição
com.pla.cer.se: alegrar-se, comprazer-se
co.mu.ni.car: dar sinal de ocupado (telefone); comunicar
con.du.cir: dirigir; conduzir (v.t. "manejar")
con.go.ja: angústia
con.tra.dic.ción: contradição
cru.do/a: cru/a
cum.bre: auge, topo

D

da.to: dado
de un ti.rón: de uma vez
de.bu.tar: estrear
de.co.ra.do: cenário; decorado
de.fo.res.ta.ción: desmatamento
del.ga.dez: magreza
▶ de.pen.dien.te/a: atendente
de.por.ti.va(s): tênis; esportiva
de.por.ti.vo/a: esportivo/a
de.rra.me: derramamento
de.sa.gui.sa.do/a: inconveniente
de.sa.rro.llo: desenvolvimento
de.sa.yu.no: café da manhã
des.per.tar: acordar
▶ des.pis.ta.do/a: distraído/a, desatento/a
des.pla.zar.se: deslocar-se
di.bu.jar: desenhar
di.ne.ro: dinheiro (v.t. "plata")

E

e.char: arremessar, jogar (v.t. "arrojar", "tirar")
em.ble.ma: emblema (v.t. "tótem")
em.bo.te.lla.do/a: engarrafado/a
▶ em.pa.que: embalagem (v.t. "envase")
en.ca.si.llar: classificar
en.fa.do: aborrecimento
en.fer.me.dad: doença
en.sa.la.da: salada
en.ta.blar: entabular, preparar
en.va.se: embalagem (v.t. "empaque")
▶ es.ce.na.rio: palco
es.co.ger: escolher
es.cu.de.rí.a: escuderia
▶ es.pal.da: costas
es.pi.ni.lla: espinha (pele)
es.ta.cio.nar: estacionar (v.t. "aparcar")
es.tam.pi.lla: selo
es.tre.char.se: estreitar-se, aproximar-se
▶ es.tro.pe.ar: quebrar, estragar
e.xa.ge.ra.ción: exagero
e.xa.men: exame, prova
e.xen.to/a: isento/a
▶ ex.per.to/a: especialista
ex.plo.ta.ción: exploração
ex.ten.der: estender
▶ ex.tra.ñar: sentir saudade (v.t. "añorar")
ex.tra.ñe.za: estranheza

▶ GLOSARIO

F

▶ fe.cha: data
fe.rro.ca.rril: trem
fi.jar: fixar, determinar
flo.tar: flutuar
fre.no: freio
fren.te: testa
fri.al.dad: frieza
fun.ción: sessão (de teatro ou cinema); função

G

ga.seo.sa: refrigerante
glo.bo: balão, bexiga; globo
gran.du.llón/gran.du.llo.na: grandalhão/grandalhona
gra.sa: gordura
▶ gri.fo: torneira
gua.ris.mo: algarismo
▶ guion: roteiro

H

ha.ló.ge.no: lâmpada que produz luz branca e brilhante
he.rir: ferir
her.mo.su.ra: formosura
he.rra.mien.ta: ferramenta
her.vi.do/a: fervido/a
ho.je.ar: folhear
▶ ho.la: oi, olá
hor.ne.ar: assar no forno
hor.no: forno, fogão
hue.co/a: vazio/a, oco/a
huel.ga: greve (v.t. "paro")
hue.so: osso
hue.vo: ovo
hu.ir: fugir
hu.mo: fumaça
hun.dir(.se): afundar(-se)
hu.ra.cán: furacão

I

in.ci.pien.te: incipiente, iniciado
i.nol.vi.da.ble: inesquecível
in.vi.tar: convidar
in.vo.lu.crar: envolver

J

ja.món: presunto
ju.bi.lar.se: aposentar-se
ju.go: suco

L

▶ lar.go/a: longo/a
le.chu.ga: alface
li.ar(.se): envolver(-se); complicar(-se)
li.gar: "ficar" (relação amorosa passageira)
li.ge.ro/a: leve
li.sia.do/a: leso/a, inválido/a
llan.to: pranto
lla.ve: chave
lle.no/a: cheio/a
llo.rar: chorar
lo.grar: conseguir
lo.gro: conquista
lo.mo: lombo
lum.bre: clarão

M

mal.de.cir: amaldiçoar, criticar
ma.lla: malha
ma.ne.jar: dirigir, conduzir (v.t. "conducir")
ma.ya: maia (povo indígena)
mer.can.cí.a: mercadoria
me.rien.da: lanche da tarde
me.tro: metrô (v.t. "subte")
mien.tras: enquanto
▶ mo.les.tar: incomodar
mo.mia: múmia
mu.che.dum.bre: multidão

N

na.vi.dad: natal
no.ve.do.so/a: novo/a, moderno/a

O

o.cio: lazer
▶ o.fi.ci.na: escritório
o.je.ar: olhar, procurar
o.jo: cuidado, atenção; olho
o.la: onda; nova tendência
ol.vi.dar: esquecer
óm.ni.bus: ônibus (v.t. "autobús", "camión")
▶ o.so/a: urso/a

P

pan.ta.lla: tela
pa.pa: batata
▶ pa.ro: desemprego; greve (v.t. "huelga")
pá.rra.fo: parágrafo
pa.si.llo: corredor
pas.te.le.ría: confeitaria
pea.tón/pea.to.na: pedestre
pe.la.do/a: sem pele (descascado/a); careca
▶ pe.lí.cu.la: filme
pe.re.za: preguiça
pe.ri.ó.di.co: jornal; periódico
▶ pe.rio.dis.ta: jornalista
per.ju.di.car: prejudicar
per.jui.cio: prejuízo
per.te.ne.cer: pertencer
pi.le.ta: piscina (v.t. "piscina")
pin.güi.no: pinguim
pi.ra.gua: canoa (v.t. "canoa"); piráguа
pi.ra.güis.mo: canoagem
pis.ci.na: piscina (v.t. "pileta")
▶ pi.so: andar de prédio (v.t. "planta"); apartamento
pi.to: apito
pla.cer: prazer
plan.ta: andar de prédio (v.t. "piso"); planta
pla.ta: dinheiro; prata (v.t. "dinero")
pla.tea: plateia
pla.tó: estúdio (televisão ou cinema)
pla.za: vaga; praça
po.llo: frango
pos.tre: sobremesa
po.ta.ble: potável
prác.ti.ca: estágio; prática
▶ pres.tar: emprestar
pro.fun.di.zar: aprofundar

Q

que.dar(.se): ficar
que.jar.se: queixar-se
▶ qui.tar: tirar

R

ra.llar: ralar
▶ ra.yar: riscar
re.be.lar.se: rebelar-se
re.co.rri.do: percurso
re.ci.bir: receber
re.em.pla.zar: substituir
re.ga.lo: presente
re.la.jar(.se): relaxar
re.lie.ve: destaque; relevo
res.pal.do: encosto
re.ve.lar(.se): revelar(-se)
ro.di.llo: rolo

S

▶ sá.ba.na: lençol
▶ sa.car: tirar
sa.no/a: saudável, são/sã
se.llo: selo
sen.ci.llo/a: simples
se.ñal: sinal
se.quí.a: seca
sies.ta: sesta
si.glo: século
si.nies.tra.li.dad: índice de acidentes
si.nies.tro/a: sinistro/a; sinistro, acidente grave
▶ si.tio: lugar; *site*
so.bre: envelope; sobre
▶ so.bre.nom.bre: apelido (v.t. "apodo")
so.le.dad: solidão
so.ler: costumar
so.li.ci.tud: solicitação
sol.ven.tar: saldar
so.ni.do: som
sor.do/a: surdo/a
sub.te: metrô (en Argentina) (v.t. "metro")

T

ta.bla: quadro, tabela
ta.llar: talhar
▶ ta.ller: oficina
ta.qui.lla: bilheteria (v.t. "ventanilla")
tar.je.ta: cartão
tar.ta: bolo
ta.xi: táxi
tien.da: loja
til.dar: tachar; acentuar
til.de: acento
▶ ti.rar: jogar; puxar (v.t. "arrojar", "echar")
tor.ti.lla: tortilha
tó.tem: emblema (v.t. "emblema")
trá.fi.co: trânsito, tráfego (v.t. "atasco"); tráfico
tram.pa: armadilha; trapaça
tran.qui.li.dad: tranquilidade
tra.yec.to: trajeto
tren: trem

U

u.bi.car: localizar

V

va.ca.cio.nes: férias
va.rón: varão
ve.ci.no/a: vizinho/a
ven.ta.ja: vantagem
ven.ta.ni.lla: bilheteria (v.t. "taquilla")
ver.te.de.ro: depósito de lixo
ví.a: via; caminho (v.t. "carril")
vi.ñe.ta: quadrinho
vue.lo: voo

PORTUGUÉS – ESPAÑOL

A

abóbada: bóveda
aborrecimento: enfado
acento: tilde
acentuar: tildar
acessar: acceder
acolher: acoger
acordar: despertar
acrescentar: añadir
advogado/a: abogado/a
afundar(-se): hundir(se)
alegrar-se: complacerse
alegria: alegría
alface: lechuga
algarismo: guarismo
almoço: comida, almuerzo
amaldiçoar: maldecir
andaluz/a: andaluz/a
andar (de prédio): planta, piso
angústia: angustia, congoja
ânimo: ánimo
antecedência: antelación
apartamento: piso
apelido: apodo, sobrenombre
apito: pito
aposentar-se: jubilarse
aprofundar: profundizar
aproximar-se: acercarse
aquecer: calentar
argila: arcilla
armadilha: trampa
arredores: cercanías
arremessar: echar; lanzar
arrumar: arreglar
assar no forno: hornear
atenção: atención, ojo
atendente: dependiente/a
atirar: tirar, arrojar, echar
auge: cumbre
autoestrada: autopista
automóvel: automóvil, carro, coche
avião: avión

B

balão: globo
balsa: balsa
banheiro: baño
barão: barón
barco: barco
batata: papa
bem-estar: bienestar
bexiga: globo
bilheteria: taquilla, ventanilla
blazer: chaqueta
bolo: tarta (na Espanha), pastel (na América)
buraco: agujero

C

caçador/a: cazador/a
café da manhã: desayuno
caixa grande: cajón
caminhão: camión
caminho: vía; camino
canoa: canoa, piragua
canoagem: piragüismo
cantor/a e compositor/a: cantautor/a
carreira: carrera
carro: coche, auto, carro
carroça: carro
carruagem: carruaje
cartão: tarjeta
casinha (de jogo): casilla (de juego)
cavalo: caballo
cenário: decorado
cesta: canasta, cesta
chave: llave
cheio/a: lleno/a
chorar: llorar
clarão: lumbre
classificar: encasillar
cobrar: cobrar
cozinhar: cocer, cocinar
com frequência: a menudo
com grande intensidade: a rabiar
combinar: acordar
cometa: cometa
comida: comida
comissário/a de bordo: azafato/a
complicar(-se): liar(se)
comprazer-se: complacerse
comunicar: comunicar
conduzir: conducir
confeitaria: pastelería
conquista: logro
conseguir: lograr
consertar: arreglar
contradição: contradicción
convidar: invitar
corredor: pasillo
corrida: carrera
costas: espalda
costumar: soler
cozer: cocer
criança: chico/a; niño/a
criticar: maldecir, criticar
cru/a: crudo/a
cuidado: cuidado, ojo

D

dado: dato
dar sinal de ocupado (telefone): comunicar
data: fecha
de uma vez: de un tirón
decorado/a: decorado/a
deitar (para dormir): acostar
dependência: adicción
depósito de lixo: vertedero
derramamento: derrame
desatento/a: distraído/a, despistado/a
descer: bajar

GLOSARIO

desemprego: paro
desenhar: dibujar
desenvolvimento: desarrollo
desligar (o telefone): colgar
deslocar-se: desplazarse
desmatamento: deforestación
destaque: relieve
determinar: fijar
diminuir: acortar
dinheiro: dinero, plata
dirigir: conducir, manejar
distraído/a: despistado/a
doença: enfermedad

E

economizar: ahorrar
embalagem: empaque, envase
emblema: emblema, tótem
emprestar: prestar
encosto: respaldo; apoyo
encurtar: acortar
engarrafado/a: embotellado/a
engarrafamento: atasco
engarrafar: embotellar
enquanto: mientras
entabular: entablar
entrada (para um evento): boleto
entrar (em um meio de transporte): entrar, abordar
envelope: sobre
envolver: involucrar
envolver-se: liarse
escolher: escoger, eligir
escritório: oficina
escritório de advocacia: bufete
escuderia: escudería
especialista: experto/a
espinha (pele): espinilla, grano
esportivo/a: deportivo/a
esquecer: olvidar
esquentar: calentar
estacionar: aparcar, estacionar
estágio: práctica, pasantía
estender: extender
estrada: carretera
estragar: estropear
estranheza: extrañeza
estrear: debutar
estreitar-se: estrecharse
estúdio: plató; estudio
euforia: euforia
exagero: exageración
exame: examen
exploração: explotación

F

férias: vacaciones
ferir: herir
ferramenta: herramienta
fervido/a: hervido/a
ficar: quedar(se)
"ficar" (relação amorosa passageira): ligar
filme: película
fixar: fijar
flutuar: flotar
fogão: horno, cocina
foguete: cohete
folhear: hojear
fone: auricular
formosura: hermosura
forno: horno
frango: pollo
freio: freno
frieza: frialdad
fugir: huir
fumaça: humo
função: función
furacão: huracán

G

gargalhada: carcajada
gaveta: cajón
globo: globo
grandalhão/grandalhona: grandullón/grandullona
greve: huelga, paro
gordura: grasa

I

incipiente: incipiente
incomodar: molestar
inconveniente: desaguisado/a
índice de acidentes: siniestralidad
inesquecível: inolvidable
ingresso: boleto
iniciado/a: iniciado/a, incipiente
interromper: atajar, interrumpir
inválido/a: lisiado/a
isento/a: exento/a
isolar: aislar

J

jantar: cena
jaqueta: cazadora, chaqueta
jogar: tirar, arrojar, echar
jornal: periódico
jornalista: periodista

L

lâmpada que produz luz branca e brilhante: halógena
lanche da tarde: merienda
largo/a: ancho/a
lazer: ocio
lembrar-se: acordarse
lençol: sábana
leso/a: lisiado/a
leve: liviano/a, ligero/a
linguiça: chorizo, longaniza
lixo: basura
localizar: ubicar
loja: tienda
lombo: lomo
longo/a: largo/a
lugar: sitio

M

magreza: delgadez
maia (povo indígena): maya
malha: malla
menino/a: chico/a
mercadoria: mercancía
metrô: metro, subte
moderno/a: novedoso/a, moderno/a
motocicleta: motocicleta
motorista: chofer, conductor/a
mudar: cambiar
multidão: muchedumbre
múmia: momia

N

na chapa: a la plancha
natal: navidad
navio: navío
nojo: asco
novo/a: novedoso/a, nuevo/a

O

oco/a: hueco/a
oficina: taller
oi: hola
olá: hola
olhar: ojear, mirar
olho: ojo
onda: ola
ônibus: camión (México), autobús, ómnibus
osso: hueso
ovo: huevo

P

palco: escenario
parágrafo: párrafo
parte do telefone que se aproxima do ouvido: auricular
passagem de um meio de transporte: boleto, billete
pedestre: peatón/peatona
pendurar: colgar
pequeno/a: chico/a

percurso: recorrido
periódico: periódico
pertencer: pertenecer
pinguim: pingüino
pipa: cometa
piràgua: piragua
piscina: piscina, pileta
pista: carril
planta: planta
plateia: platea
poltrona: butaca
potável: potable
poupar: ahorrar
praça: plaza
pranto: llanto
prata: plata
prático/a: práctico/a
prazer: placer
preguiça: pereza
prejudicar: perjudicar
prejuízo: perjuicio
preparar: entablar, preparar
presente: regalo; presente
presunto: jamón
procurar: buscar, ojear
prova: examen, prueba
proximidades: cercanías
puxar: tirar

Q

quadra: cancha
quadrinho: viñeta, cómic, tebeo, historieta
quadro: cuadro, tabla
quebrar: romper, estropear
queixar-se: quejarse

R

ralar: rallar
rebelar-se: rebelarse
receber: recibir
receber salário: cobrar
refeição: comida
refrigerante: gaseosa
relaxar: relajar
relevo: relieve
repugnância: asco
revelar(se): revelar(se)
riscar: rayar
rolo: rodillo; lío
roteiro: guion

S

salada: ensalada
saldar: solventar
são/sã: sano/a
saudável: sano/a
seca: sequía
século: siglo
selo: estampilla, sello
sem pele: pelado/a
sentir saudade: extrañar, añorar
sessão (de teatro ou cinema): función
sesta: siesta
simples: sencillo/a
sinal: señal
sinistro: siniestro
sinistro/a: siniestro/a
site: sitio
sobre: sobre
sobremesa: postre
solicitação: solicitud
solidão: soledad
som: sonido
subir em um meio de transporte: subir, abordar
substituir: reemplazar
suco: jugo
surdo/a: sordo/a

T

tabela: tabla
tachar: tildar; tachar
talhar: tallar
táxi: taxi
tchau: chao
tédio: aburrimiento
tela: pantalla
tênis: (zapatilla(s)) deportiva(s)
testa: frente
tirar: sacar, quitar
tomar um atalho: atajar
topo: cumbre
torneira: grifo
tortilha: tortilla
tráfego: tráfico
tráfico: tráfico
trajeto: trayecto
tranquilidade: tranquilidad
trânsito: tráfico, atasco, tránsito
trapaça: trampa
trem: tren, ferrocarril
trocar: cambiar

U

urso/a: oso/a

V

vaga: plaza
vantagem: ventaja
varão: varón
vazio/a: hueco/a, vacío/a
via: vía, carril
vício: adicción, vicio
vizinho/a: vecino/a
voo: vuelo

MAPAS

CANADÁ
ESTADOS UNIDOS
30°
TRÓPICO DE CÁNCER
23° 27'
Golfo de México
OCÉANO ATLÁNTICO
MÉXICO
Ciudad de México
La Habana
CUBA
REPÚBLICA DOMINICANA
Santo Domingo
San Juan
PUERTO RICO (EE. UU.)
MAR CARIBE (MAR DE LAS ANTILLAS)
GUATEMALA
Ciudad de Guatemala
HONDURAS
Tegucigalpa
San Salvador
EL SALVADOR
NICARAGUA
Managua
COSTA RICA
San José
Panamá
PANAMÁ
OCÉANO PACÍFICO
ECUADOR
0°
AMÉRICA DEL SUR
90°

AMÉRICA CENTRAL
CARACAS
VENEZUELA
GUYANA
GUAYANA FRANCESA
SURINAM
BOGOTÁ
COLOMBIA
QUITO
ECUADOR
ECUADOR
PERÚ
BRASIL
10°
LIMA
BOLIVIA
LA PAZ
OCÉANO
PACÍFICO
TRÓPICO DE CAPRICORNIO
PARAGUAY
ASUNCIÓN
CHILE
URUGUAY
SANTIAGO DE CHILE
BUENOS AIRES
MONTEVIDEO
OCÉANO
ATLÁNTICO
ARGENTINA
60° OESTE DE GREENWICH

FRANCIA
MADRID
40°
PORTUGAL
ESPAÑA
MAR MEDITERRÁNEO
ÁFRICA
0° ESTE DE GREENWICH

MALABO
10°
CAMERÚN
OCÉANO
ATLÁNTICO
GUINEA
ECUATORIAL
GABÓN
0°
ECUADOR

Libro

Pista 1 – Presentación

Unidad 1 - Turismo y gastronomía

Pista 2 Página 11, Actividad 11
Pista 3 Página 14, Actividad 1
Pista 4 Página 16, Actividad 5

Unidad 2 - Nos comunicamos

Pista 5 Página 21, Actividad 6
Pista 6 Página 26, Actividad 1
Pista 7 Página 27, Actividad 4

Unidad 3 - Medioambiente: problemas y soluciones

Pista 8 Página 38, Actividad 1
Pista 9 Página 39, Actividad 6

Unidad 4 - Nos movemos

Pista 10 Páginas 50 y 51, Actividades 1 y 3
Pista 11 Página 51, Actividad 4

Unidad 5 - Me suena como música...

Pista 12 Página 64, Actividad 3
Pista 13 Página 65, Actividad 6
Pista 14 Página 65, Actividad 7

Unidad 6 - ¿Qué haces?

Pista 15 Página 74, Actividad 1
Pista 16 Página 75, Actividad 7
Pista 17 Página 76, Actividad 10

Unidad 7 - ¡Bravo!

Pista 18 Página 85, Actividad 9
Pista 19 Página 86, Actividad 3
Pista 20 Página 87, Actividad 5
Pista 21 Página 87, Actividad 6
Pista 22 Página 89, Actividades 12 y 13

Unidad 8 - Con ojos de artista

Pista 23 Página 98, Actividad 1
Pista 24 Página 99, Actividad 4
Pista 25 Página 99, Actividad 5

CD-ROM (Comprensión de textos)

Pista 26 - Unidad 1 Actividad 3
Pista 27 - Unidad 2 Actividad 3
Pista 28 - Unidad 3 Actividad 2
Pista 29 - Unidad 4 Actividad 3

Pista 30 - Unidad 5 Actividad 3
Pista 31 - Unidad 6 Actividad 3
Pista 32 - Unidad 7 Actividad 2
Pista 33 - Unidad 8 Actividad 2

CRÉDITOS FOTOGRÁFICOS

Cubierta
Andresr / Shutterstock

Pág. 6
Picture Partners / Keystone

Pág. 8
Reproducción

Pág. 10
Jupiter Images / Keystone

Pág. 15
a) Ricardo Azoury / Pulsar Imagens
b) Andre Seale / Alamy - Other Images
c) Nayashkova Olga / Shutterstock

Pág. 17
Shutterstock

Pág. 18
Beyond / Diomedia

Pág. 21
a) Jupiter Images / Keystone
b) Photosindia.com LLC / Alamy - Other Images
c) Jupiter Images / Keystone

Pág. 23
Benis Arapovic / Shutterstock

Pág. 26
Dennis MacDonald / Alamy - Other Images

Pág. 27
Top Foto / Keystone

Pág. 29
Alex Staroseltsev / Shutterstock

Pág. 30
Ana Ce / Sambaphoto

Pág. 33
Romeo Gacad / AFP Photo / Getty Images

Pág. 38
Reglen Paassen / Shutterstock

Pág. 39
Kwest / Shutterstock

Pág. 40
Eduardo Knapp / Folha Imagem

Pág. 41
Jupiter Images / Keystone

Pág. 42
Transtock / Corbis / Latinstock

Pág. 44
Andrew Winning / Reuters / Latinstock

Pág. 46
a) Robert Harding / Latinstock
b) Reproducción
c) Reproducción

Pág. 48
Jupiter Images / Keystone

Pág. 52
Steve Estvanik / Shutterstock

Pág. 53
a) Gibsons / Shutterstock
b) Mike Liu / Shutterstock

Pág. 54
Hugh Sitton / Corbis / Latinstock

Pág. 56
a) Kike Calvo / Retna Ltd. / Keystone
b) José Miguel Gomez / Reuters / Latinstock

Pág. 60
The Bridgeman Art Library / Keystone - Fernando Botero. Cortesía de Marl Borough Gallery, Nueva York, Estados Unidos

Pág. 63
Guillermo Granados / GGV / ACE / AFP Photos

Pág. 66
Juca Varella / Folha Imagem

Pág. 72
Jupiter Images / Keystone

Pág. 74
Daniel Luna / AFP / Getty Images

Pág. 75
Jupiter Images / Keystone

Pág. 77
Reproducción

Pág. 78
Caro / Alamy / Other Images

Pág. 80
Darren Kemper / Corbis - Latinstock

Pág. 81
Reproducción

Pág. 88
Jupiter Images / Keystone

Pág. 90
Horst Herget / Masterfile / Other Images

Pág. 92
Sérgio Jorge Brazill / Other Images

Pág. 93
Royal Academy of San Fernando, Madrid

Pág. 95
a) Corel / Stock Photos - Museo del Louvre
b) Museo d'Orsay, Francia.
c) Sucesión Miró, Miró, Joan, *Retrato IV*, 1938, licenciado por Autvis, Brasil, 2010. colección particular
d) Jupiter Images / Keystone - Capilla Sixtina en el Vaticano, Roma, Italia
e) Sucesión Pablo Picasso, *Guernica*, 1937, Licenciado por Autvis, Brasil, 2008. Museo Nacional Centro de Arte Reina Sofía, Madrid, España

Pág. 98
a) Riou Jean-Christophe / Alamy - Other Images
b) Fondation Gala – Salvador Dalí, *Muchacha en la Ventana*, 1925. Licenciado por Autvis, Brasil, 2009

Pág. 100
a) AKG-Images / Latinstock
b) Fernando Botero. Cortesía de la galería Marlborough, Nueva York, Estados Unidos

Pág. 107
a) Jacques Langevin / Sygma / Corbis - Latinstock
b) Image Forum / AFP Photo
c) Louisa Gouliamaki / AFP Photo - Getty Images
d) Eric Kamp / Monsoon / Photolibrary / Corbis – Latinstock

Pág. 108
a) Reproducción
b) Reproducción
c) Reproducción

Pág. 109
a) Reproducción
b) Reproducción
c) Reproducción

Pág. 110
a) Reproducción
b) Reproducción